Melanchthon | Über die Leiden der Lehrer

Philipp Melanchthon
De miseriis paedagogorum
Über die Leiden der Lehrer

Lateinisch/Deutsch

Übersetzt, kommentiert und herausgegeben
von Carolin Ritter

Reclam

RECLAMS UNIVERSAL-BIBLIOTHEK Nr. 19321

Gestaltung: Cornelia Feyll, Friedrich Forssman
Gesamtherstellung: Reclam, Ditzingen. Printed in Germany 2016
RECLAM, UNIVERSAL-BIBLIOTHEK und
RECLAMS UNIVERSAL-BIBLIOTHEK sind eingetragene Marken
der Philipp Reclam jun. GmbH & Co. KG, Stuttgart
ISBN 978-3-15-019321-1
www.reclam.de

De miseriis paedagogorum
Über die Leiden der Lehrer

(CR 11,121) In Aesopi apologis queritur apud Iovem asinus de suis aerumnis cottidianis se operis confici et enecari: sed est querela paedagogorum de suis miseriis iustior profecto, si res ad calculos revocetur, quam asini. Quis enim ullo in pistrino asinus tantum mali pertulit, quantum mediocris paedagogus in uno atque altero docendo tum laboris exhaurit tum molestiae perpetitur?

Quo in genere vitae quia mihi aliquamdiu versari contigit et experiri, quam sit calamitosum, libuit in praesentia de paedagogorum miseriis dicere et communia mala nostri ordinis deplorare. Est enim quaedam in malis voluptas libere conqueri, sicut Ovidius ait, cum scripsit:

»Expletur lacrimis egeriturque dolor.«

Proinde cum alios aequis animis de alienis negotiis dicentes audiatis, et mihi quaeso meam agenti fabulam verumque dolorem repraesentanti operam date. Et si ille apud Terentium, cum dicit hominem se esse, nihil humani alienum a se esse, recte iudicavit humanum esse alterius miseria affici, debetis profecto et vos vice mea commoveri et querelam

(CR 11,121) In den Fabeln des Aesop klagt ein Esel vor Jupiter über seine Mühsal[1]: Er werde durch die tägliche Arbeit aufgerieben und beinahe zu Tode gequält. Doch die Klage der Lehrer über ihr Leid ist tatsächlich berechtigter als die des Esels, wenn man den Sachverhalt genau abwägt.[2] Welcher Esel nämlich hat jemals in einer Stampfmühle[3] so viel Übel ertragen, wie ein durchschnittlicher Pädagoge im Laufe des Unterrichts bald an Strapazen ausstehen, bald an Ärger erdulden muss?

Weil es mir zugefallen ist, mich schon ziemlich lange in diesem Lebensbereich aufzuhalten und zu erfahren, wie erbärmlich er ist, habe ich beschlossen, hier und jetzt über die Leiden der Lehrer zu sprechen und die allgemeinen Missstände unseres Standes zu beklagen. Es macht nämlich ein gewisses Vergnügen, im Unglück freimütig zu klagen, wie Ovid sagt, wenn er schreibt:

> »Der Schmerz wird durch Tränen gestillt und vertrieben.«[4]

Da ihr also andere mit Gleichmut über die Angelegenheiten fremder Leute reden hört, so schenkt bitte auch mir eure Aufmerksamkeit, wenn ich meine eigene Geschichte erzähle[5] und euch tatsächliches Leid vor Augen führe. Und wenn jener Charakter des Terenz richtig urteilt, wenn er sagt, er sei Mensch, nichts Menschliches sei ihm fremd,[6] nämlich, dass es menschlich sei, von dem Unglück eines anderen betroffen zu werden, müsst auch ihr euch zweifelsohne von meinem Los rühren lassen, meiner Klage ge-

meam patienter audire mihique veniam dare, sicubi diutius iusto in commemorandis malis nostris commorari videbor. Nam ubi dolet, aiunt, ibi manum quisque habet. Ego cum per inopiam ingenii sentirem me nil huc afferre posse, quod magnopere delectaret, et me cottidianae vitae consuetudo huius argumenti admoneret, gessi scilicet meo dolori morem et hanc materiam sumpsi pro virili tractandam. Ex qua equidem non ingenii laudem, sed in hac carnificina quaedam curarum solacia captabam, plane mihi requies, non fama petita est. Nec me sinebant haec mala diligentius elaboratam orationem huc afferre. Sed dum dolori obsequor, sine ordine incondita pleraque effudi, idque condonabitis, opinor, mihi facile, si qua miseratio mei tanget. Neque enim vacabat animo sic occupato verborum habere (122) accurationem delectum.

Sed exordiar aliquando causam, quam animus meminisse horret luctuque refugit, et querar apud vos de condicione paedagogorum, quo genere hominum nulli mihi ne quidem in ergastulis videntur infeliciores.

Primum enim cum traditur paedagogo puer docendus et ad humanitatem ac virtutem informandus, videte quaeso, quam duram provinciam plenamque miserrimi laboris ac

duldig zuhören und mir gegenüber Nachsicht zeigen, wenn ich irgendwo länger, als es angebracht ist, in der Darlegung unseres Unglücks zu verweilen scheine. Denn wo es schmerzt, so sagt man, da hat jeder seine Hand.[7] Weil ich merkte, dass ich aus Mangel an Begabung hier nichts beitragen kann, was von ganzer Seele erfreut, und die Gewohnheit des alltäglichen Lebens mich auf dieses Thema aufmerksam machte, habe ich meinem Schmerz nachgegeben und dieses Thema gewählt, um es nach Kräften zu behandeln. Daraus erstrebte ich für meinen Teil nicht den Lobpreis meiner Begabung, sondern einen gewissen Trost meiner Sorgen in dieser Marter. Ich habe es durchaus auf Ruhe abgesehen, nicht auf Ruhm. Und nicht erlaubte mir mein Elend, hier eine sorgfältiger ausgefeilte Rede vorzutragen. Aber während ich mich dem Schmerz hingab, habe ich das meiste kunstlos und ohne Ordnung aus mir herausströmen lassen. Ich vermute, ihr werdet mir dies ohne weiteres nachsehen, wenn euch überhaupt irgendein Mitleid für mich berührt. Denn es war einem derart eingenommenen Geist nicht vergönnt, (122) eine sorgsamere Auswahl an Worten zu treffen.

Doch endlich will ich einmal mit dem Thema beginnen – mein Herz schreckt davor zurück, sich daran zu erinnern, und flüchtet davor voll Gram[8] – und über das Los der Lehrer vor euch klagen. Als diese Art von Menschen erscheinen mir keine, nicht einmal die in Zuchthäusern, unglücklicher.

Denn seht doch, welch beschwerlichen Dienst voll elendster Mühe und Gefahren der Lehrer auf sich nimmt, wenn der Junge ihm zuerst anvertraut wird, um unterrichtet und zu wahrer Menschlichkeit und Tugend befähigt zu

periculorum capiat. Non ante matura aetas pueri videtur, ut mittatur in ludum litterarium, quam cum domestica indulgentia corruptus est et vitia tum intellegit tum degustavit; is non modo nullum amorem litterarum aut admirationem, sed acerrimum erga illas odium, contemptum praeceptorum, turpissima exempla domo affert. Cum eiusmodi monstro praeceptori decertandum est. Si doceas, peregrinatur animus pueri, et ut optime succedat, sescenties idem inculcandum est, dum illi invito haereat in animo: cum paululum modo despexeris, rursus ex animo illa omnia totiens decantata puero effluunt. Si reddere cogas, quae didicit, tum vero videas plane ludibrio haberi praeceptorem. Nam puero, ut est contumacia, voluptas est admisisse aliquid, quod urat et exerceat praeceptorem. Si quis cogatur docere camelum saltare aut asinum fidibus ludere, nonne illum egregie miserum dicas, qui frustra maximum laborem sumat? At id tolerabilius est quam nostros pueros docere. Nam ut nihil promoveas in camelo aut asino exercendo, certe illi nulla iniuria cumulant molestiam. At isti belli pueri cum strenue defatigarunt nos, quam sunt insuper in

werden.[9] Nicht eher scheint das Alter des Jungen reif genug, dass er in die Elementarschule[10] geschickt werden kann, als wenn er durch häusliche Nachgiebigkeit verdorben ist und Laster bald versteht, bald selbst gekostet hat. Dieser Bengel bringt von zu Hause nicht nur keine Leidenschaft oder Bewunderung für die Studien mit, sondern den stärksten Widerwillen gegen jene, Verachtung gegenüber den Lehrern und höchst unanständige Vorbilder. Mit einem Scheusal dieser Art muss der Lehrer kämpfen. Wenn man unterrichtet, schweift der Geist des Knaben ab, und im besten Fall muss dasselbe sechshundertmal eingetrichtert werden, solange bis es jenem gegen seinen Willen im Gedächtnis haften bleibt. Und wenn man den Blick nur ein klein wenig abgewendet hat, entgleitet all jenes, was man dem Jungen so oft vorgebetet hat, seinem Gedächtnis wieder. Wenn man den Schüler zwingt, das Gelernte wiederzugeben, dann kann man wirklich sehen, wie der Lehrer ganz und gar zum Gespött gemacht wird. Denn eigensinnig, wie er ist, bereitet es dem Jungen Vergnügen, etwas anzuzetteln, das den Lehrer zur Weißglut treibt und ihn nicht zur Ruhe kommen lässt. Wäre jemand gezwungen, einem Kamel das Tanzen[11] beizubringen oder einem Esel das Lyraspiel,[12] würdest du jenen etwa nicht überaus bemitleidenswert nennen, da er vergeblich eine so ungeheuer große Mühe auf sich nimmt? Aber all das ist erträglicher als unsere Jungen zu unterrichten. Denn wenn du auch beim Üben mit Kamel oder Esel keine Fortschritte erzielen magst, so treiben jene gewiss nicht durch irgendwelche Unverfrorenheiten deinen Ärger auf die Spitze. Aber wenn diese allerliebsten Knaben uns kräftig erschöpft haben, wie niederträchtig sind sie uns gegenüber obendrein noch? Du

nos contumeliosi? Invenias, qui palam ausit convicium facere praeceptori et manus auriculas imitatur mobilis albas. Et eiusmodi mores domo ad praeceptores afferrunt, nihilo reverentius antea parentes tractaverunt, quam nunc magistros tractent. Et paulatim vertit in naturam mala consuetudo, ut corrigi et emendari haec vitia numquam possint. Quid est, si non haec est miseria, perpetuis curis ac labore in docendo frustra consumi et enecari? Deinde pro tuis meritis etiam ludos deliciasque et quidem puero fieri? Pingunt apud inferos Sisyphum immane saxum in adversum montem volvere, quod tamen e summo iam vertice rursum labitur et plani raptim petit aequora campi, significarique scribunt eo commento irrito labore multos mortales confici. Mihi multo clarius repraesentari videretur inanis opera, si pingeretur ibi (123) paedagogus cum eiusmodi puero, qualem paulo ante descripsimus. Quanto enim maius negotium est paedagogo quam Sisypho? Nec tamen maius operae pretium fit. Illius in versando saxo simplex labor est, et cura vacat, paedagogi vide mihi quam multiplex negotium sit. Numquam nisi coactus a praeceptore puer librum in manus sumit: ubi acceperit, oculi atque animus expatiantur. Ibi tamquam calcaria addenda, quae admoneant officii. Enarrat aliquid praeceptor, iam illi delicato

magst einen finden, der es unverhohlen gewagt hat, seinen Lehrer zu beschimpfen. Und seine Hand ahmt flink weiße Eselsohren nach.[13] Und derartig schlechtes Betragen gelangt von zu Hause zu den Lehrern. Ebenso wenig respektvoll, wie sie nun ihren Lehrern gegenübertreten, haben sie zuvor ihre Eltern behandelt. Und allmählich wird die schlechte Angewohnheit zur Charaktereigenschaft, so dass diese Fehler niemals mehr korrigiert und ausgemerzt werden können. Was ist dies anderes als Elend, beim Unterrichten von beständiger Sorge und Mühe verzehrt und zu Tode erschöpft zu werden, ohne einen Erfolg zu sehen? Und dann auch noch zum Dank zum Gespött von Knaben zu werden? Man stellt auf Gemälden dar, wie Sisyphus in der Unterwelt den riesigen Stein den Berg hinaufwälzt, der dennoch sogleich wieder vom höchsten Gipfel hinunterrollt und blitzschnell auf die Ebene des flachen Feldes zurückläuft,[14] und schreibt diesem Mythos die Bedeutung zu, dass viele Sterbliche sich durch vergebliche Mühe aufreiben. Ich glaube, diese nichtige Tätigkeit würde um vieles deutlicher veranschaulicht, wenn dort ein (123) Lehrer mit einem Bengel der Art gemalt würde, wie ich ihn vorhin beschrieben habe. Wie viel größer nämlich ist die Aufgabe des Lehrers als die des Sisyphus? Und trotzdem gibt es nicht mehr Lohn für seine Mühe! Jener hat bloß die Mühe, den Stein zu wälzen, und leidet dabei keine Sorge. Bedenke dagegen, wie mannigfaltig die Aufgaben des Lehrers sind! Nur wenn der Junge von seinem Lehrmeister dazu gedrängt wird, nimmt er ein Buch zur Hand: Sobald er es an sich genommen hat, schweifen seine Augen und sein Geist ab. Da muss man gleichsam die Sporen geben, um an die Pflicht zu erinnern. Der Lehrer erklärt irgendetwas, in dem

somnus obrepit, et securus in utramque aurem dormit, dum se paedagogus dicendo rumpit. Novum ibi negotium fit paedagogo expergefaciendi discipuli. Dictata repetuntur, experrectus adulescens iubetur adicere animum ad ea, quae traduntur, verum non est cura Hippoclidi, foris est animus tamquam in alio mundo, in ganeis, in alea, in perniciosi sodalicii ludis. Tantum abest, ut meminisse aliquid studeat, ut eam legem, quae de conviviis exstabat apud Graecos, μισῶ μνάμονα συμπότην, ipse de scholis latam putet et incisam non in aes, sed insculptam animo circumferat μισῶ μνάμονα μαθητήν. Itaque si postridie dictata reposcas, quia perfluxerunt aures omnia, nil tenet.

Ibi magistro redit labor actus in orbem. Orditur pristinam cantilenam nec semel repetit, donec isti trunco unum atque alterum verbum infligatur. Quis est tam cornea fibra, qui non stomachetur tantum operae se perdere, praesertim cum interea et valetudinis iactura facienda sit? Nam atteruntur et labefiunt corporis vires non modo dicendi labore, sed etiam cura doloreque animi, quem, quia non respondent nostrae diligentiae studia puerorum, indignitas rei pa-

Augenblick beschleicht jenen verzogenen Knaben der Schlaf, und unbekümmert schläft er auf dem einen oder anderen Ohr,[15] während der Lehrer sich beim Reden abrackert. Da ergibt sich für den Lehrer die neue Aufgabe, den Schüler aufzuwecken. Das Diktierte wird wiederholt, und der soeben erwachte Jüngling soll seine Aufmerksamkeit auf das richten, was gerade vorgetragen wird. Aber Hippoclides sorgt sich nicht,[16] der Geist ist draußen gleichsam in einer anderen Welt – in den Wirtshäusern, beim Würfelspiel, bei den Spielen in schlechter Gesellschaft. Er ist so weit davon entfernt, sich darum zu bemühen, etwas in Erinnerung zu behalten, dass er selbst glaubt, die Vorschrift, die es bei den Griechen über Symposien gab – »Ich hasse den Zechbruder, der sich erinnert«[17] –, sei auch für die Schule erlassen, und den Spruch »Ich hasse den Schüler, der sich erinnert«, nicht in Erz geritzt, sondern in seinen Geist eingegraben mit sich herumträgt. Wenn man daher am folgenden Tag das Diktierte einfordert, kann er sich an nichts erinnern, weil alles durch die Ohren hindurchgerauscht ist.[18]

Da kommt für den Lehrer die wiederkehrende Mühe zurück.[19] Er setzt zur alten Leier an und wiederholt nicht nur einmal, solange bis an dem Holzkopf[20] das eine oder das andere Wort hängenbleibt. Wer hat ein so dickes Fell,[21] dass er sich nicht ärgert, so viel Mühe zu vergeuden, zumal mittlerweile auch gesundheitliche Einbußen hingenommen werden müssen? Denn die Körperkraft wird aufgerieben und aufgezehrt, nicht nur durch die Anstrengung beim Reden, sondern auch durch die Sorge und den Kummer,[22] den die Unwürdigkeit der Tätigkeit mit sich bringt, weil der Eifer der Jungen in keinem Verhältnis zu unserem gewissen-

rit. Saeculum in his miseriis consumitur, dum iste primas litteras didicerit.

Nec putet se iam defunctum esse paedagogus, haec tantum nostrae tragoediae praeludia sunt, restat epitasis multo aerumnosior. Infinitus labor est os puerile formare et ad Latinam linguam assuefacere. Nam cum lingua expoliatur consuetudine bene loquendi eamque ad rem disertorum commercia multum momenti afferunt, primum, ut est neglegentia, converrunt ex proximo, hoc est a patria lingua omnem sermonem. Latine loqui, quia id difficilius erat, ne quidem conantur. Deinde quia sui similibus delectantur, eruditorum commercia procul fugiunt. Apud unum praeceptorem Latino sermone utendum est, ad quem cum ventum est, dii immortales, quale spectaculum (124) committitur! Puer aliquamdiu in statuae modum prorsus mutus est. Postea ubi se colligere coeperit ac meditari verba, quia animus perturbatus est, oculi superciliaque pervertuntur, si videas, dicas comitiali morbo arripi: pervertitur et os velut Cynico spasmo foedissimo rictu. Post ubi diu secum luctatus est, tandem vocem edit. Sed ne deprehen-

haften Einsatz steht. Ein ganzes Zeitalter verstreicht unter diesem Elend, solange bis der Kerl die Elementarkenntnisse gelernt hat.[23]

Und nicht soll der Schulmeister annehmen, er habe schon alles überstanden. Das war nur das Vorspiel zu unserer Tragödie, die weitaus beschwerlichere Epitasis steht noch bevor.[24] Es macht unerschöpfliche Mühe, den Mund des Knaben zu bilden und an die lateinische Sprache zu gewöhnen. Denn während die Sprache durch die Gewohnheit, gewählt zu sprechen,[25] ausgebildet wird und der Umgang mit rhetorisch versierten Menschen dabei eine große Rolle spielt, kehren sie zuerst, nachlässig wie sie sind, ihre ganze Rede aus dem nächstliegenden Unrat, das heißt aus ihrer Muttersprache, zusammen.[26] Latein zu sprechen versuchen sie noch nicht einmal, weil es zu schwierig ist. Weiterhin machen sie um die Gesellschaft Gebildeter einen großen Bogen, weil sie sich zu ihresgleichen hingezogen fühlen. Und wenn man zu dem Lehrer gelangt ist, bei dem als einzigem die lateinische Sprache gebraucht werden muss – unsterbliche Götter! –, was für ein Schauspiel (124) wird da veranstaltet? Eine Weile lang steht der Knabe ganz stumm wie eine Statue da.[27] Sobald er dann begonnen hat, sich zu sammeln und sich Worte zu überlegen, werden die Augen und die Brauen verdreht,[28] weil seine Gedanken wirr sind. Wenn du es sehen könntest, würdest du behaupten, er sei von einer epileptischen Krankheit gepackt worden. Auch der Mund verzerrt sich durch äußerst abscheuliches Aufsperren wie bei einem spastischen Zucken.[29] Wenn er dann lange mit sich gerungen hat, bringt er endlich einen Ton heraus. Aber damit er nicht ertappt wird, nuschelt er un-

datur, si quod forte exsistet soloecum, stridit obscure. Quidam ingeniosi sunt in postrema syllaba et casu dictionis obruendo, ne percipiatur. Iubet praeceptor clara voce pronuntiare, ille iterat et verba cadentia tollit. Exaudit iam praeceptor, sed nihil nisi verborum portenta. Nec auctores, qui praeleguntur, redolet sermo, nec cum grammaticis praeceptis convenit. Hic demum sentit se vere miserum esse paedagogus. Nam cum ex studiis puerilibus non alius fructus petatur, quam ut expedite loqui possint, hic videt sibi operam et oleum in dicendo perire in tam prodigiosa discipuli infantia. Sed quantae difficultates exsorbendae sunt, dum huic vitio mederi studet? Dissimulandus ei dolor animi, iracundia reprimenda est, comitate puero perturbatio animi sedanda, blande invitandus est ad loquendum. Saepe trahendi longius de industria sermones, ut consuetudinem Latine loquendi puero faciat.

Haec una res cum plus satis afferat molestiae, tamen multo magis exercet praeceptorem stilus, quem, ut Latina lingua fiat puero familiaris, adhibendum esse videt, ut usu scribendi confirmatus tuto loqui possit. Non enim unum remedium ad excutiendum istum veternum puerilibus ingeniis satis est. Sed cum nihil perinde ad parandam quam

deutlich, für den Fall, dass einmal ein sprachlicher Fehler zum Vorschein kommt. Manche sind gewieft darin, die letzte Silbe und die Kasusendung zu verschlucken, damit man sie nicht hören kann. Der Lehrer hält dazu an, mit lauter Stimme zu sprechen, jener wiederholt und betont die Kasusendungen.[30] Sogleich vernimmt der Lehrer es deutlich, aber nur ein monströses Gebilde von Wörtern. Weder hat die Rede den Geruch der Autoren, die im Unterricht erläutert werden,[31] noch entspricht sie den grammatikalischen Regeln. Gerade da schwant dem Lehrer, dass er arm dran ist: Denn während aus dem Studium der Jungen kein anderer Nutzen gezogen werden soll als die Fähigkeit, fließend zu sprechen, sieht dieser in der so widernatürlichen Sprachlosigkeit des Schülers, dass beim Reden seine ganze Zeit und Mühe verschwendet wird.[32] Aber wie große Schwierigkeiten müssen erst hinuntergeschluckt werden, während er sich bemüht, diesem Laster Abhilfe zu schaffen? Er muss seinen Unmut verbergen, seinen Zorn unterdrücken, dem Knaben die Aufregung durch Gutmütigkeit nehmen. Freundlich muss der Schüler zum Sprechen ermuntert werden. Häufig ist es ratsam, die Gespräche absichtlich in die Länge zu ziehen, um den Jungen an das Lateinsprechen zu gewöhnen.

Obwohl diese Sache allein mehr als genug Ärger mit sich bringt, nimmt die Stilübung den Lehrer dennoch weitaus stärker in Anspruch. Er merkt, dass sie nötig ist, damit der Junge mit der lateinischen Sprache vertraut wird und gestärkt durch die Schreibpraxis auch sicher sprechen kann. Denn ein einziges Mittel genügt nicht, um dem jugendlichen Gemüt diese Trägheit auszutreiben. Aber obwohl nichts auf die gleiche Weise zum Erwerb eines mög-

uberrimam sermonis copiam conducat atque assiduus stilus, non alium laborem tamen perinde recusant suscipere atque scribendi. Nihil est opus hic recensere causas: etenim nota vobis natura hominum nostrorum. Immane quantus labor est perpellere, ut vel toto semestri unum epistolion scribant. Ego vero comperi non aliam crucem nobis esse acerbiorem quam cum istis cessatoribus cottidie rixari, cum officii monentur. Neque vero umquam cogi potest, ut unum versum scribat, nisi praeceptor assideat, dictet argumentum, suppeditet verba. Iste cum inveniendi cura vacat, tum aegre dictata excipit. Sero hac consuetudine eo promoveris, ut suo Marte conetur scribere, si tamen umquam conatur. Nam illum crede virgula divina ad virtutem incitari, qui vel sero per sese conatur aliquid componere. (125) Quis non malit in pistrino molere quam hanc tam molestam plenamque stomachi pervicaciam gerere?

Sed fac istum tandem coepisse scribere, plurimum operae in emendatione scriptorum ponendum est. Est enim sceleratus praeceptor, qui hac in re cessat, si Horatio credimus, qui negat bonum virum esse, qui cum censor fiat

lichst reichen Ausdrucksvermögens führt wie die beständige Stilübung, weigern sich die Jungen dennoch bei keiner anderen Tätigkeit so sehr wie beim Schreiben, sie auf sich zu nehmen. An dieser Stelle ist es nicht nötig, die Gründe durchzugehen: Die Natur unserer Leutchen ist euch sehr wohl bekannt. Was für eine ungeheure Mühe bedeutet es, sie dazu anzutreiben, in einem ganzen Semester auch nur ein einziges Brieflein zu schreiben? Ich allerdings habe am eigenen Leib erfahren, dass es für uns keine schlimmere Qual gibt, als sich täglich mit diesen Müßiggängern herumzuschlagen, wenn sie an ihre Pflicht erinnert werden müssen. Und doch kann der Schüler niemals dazu angehalten werden, eine einzige Zeile zu schreiben, außer wenn der Lehrer dabeisitzt, den Inhalt diktiert und die Wörter vorgibt. Wenn der Schüler sich schon nichts mehr selbst ausdenken muss, so nimmt er das Vorgesagte trotzdem nur mit Mühe auf. Nur spät wirst du durch dieses Vorgehen so weit fortgeschritten sein, dass er versucht, aus eigener Kraft[33] zu schreiben, wenn er es nur überhaupt jemals versucht. Denn gib dich nur dem Glauben hin, der werde noch mit einem Zauberstab[34] zur Tüchtigkeit angeregt, der erst spät versucht, etwas selbständig zu verfassen. (125) Wer wollte nicht lieber in einer Stampfmühle mahlen, als diese so lästige und ärgerliche Widerspenstigkeit zu ertragen?

Aber sorge nur dafür, dass ebendieser endlich zu schreiben beginnt: Die größte Mühe muss dann für die Verbesserung der schriftlichen Arbeit aufgewandt werden. Denn der Lehrer handelt gewissenlos, der darin nachlässig ist, wenn wir Horaz Glauben schenken wollen, der leugnet, dass ein Mann gut ist, der keine Fehler tadelt, obwohl er die

alieni scripti, vitia non reprehendat. Est enim notus versiculus:

»Vir bonus et prudens versus reprehendet inertes.«

Primum autem in corrigendis sermonis vitiis oculatus praeceptor non simplicem laborem sumit, dum grammatica errata mutat, dum obscure et ambigue dicta perspicue explicat, dum impropria corrigit, dum horridis addit nitorem et figuris illuminat et gratiora blandioraque facit. Porro relegere inepte scripta puerorum molestum est quamvis patienti praeceptori, quanto magis emendatio fatiget, praesertim cum plerumque ratio etiam, cur quippiam mutarit, indicanda sit? Tum castigandi acrius, qui neglegentius scripsere, hortandi alii, ut inceptum cursum urgeant. Neque vero tantum sermonis vitia monstranda sunt, sed in his qui iam nonnihil promoverunt, rerum etiam habenda ratio et voluntates regendae. Quosdam enim convicia delectant, in aliis est ridicula vanitas et inanis iactantia, et fere mores stilus arguit. Haec vitia cum vires accipiunt nec e teneris animis evelluntur, haerent in senibus summa cum turpitudine.

Aufgabe hätte, eine fremde schriftliche Arbeit zu beurteilen. Bekannt ist ja das Verslein:

> »Ein guter und kluger Mann wird ungelenke Verse tadeln.«[35]

Vor allem aber nimmt ein Lehrer, der einen kritischen Blick hat, bei der Verbesserung sprachlicher Mängel keine leichte Arbeit auf sich, indem er Verstöße gegen die Grammatik berichtigt, indem er missverständliche und doppeldeutige Ausdrücke klar formuliert, indem er Schiefes abändert, indem er Ungeschliffenem Glanz verleiht, es mit Redefiguren brillieren lässt und es insgesamt lieblicher und angenehmer macht. Zudem ist es lästig, die so ungeschickt formulierten Arbeiten der Knaben von neuem zu lesen. Wenn auch der Lehrer noch so geduldig ist, um wie viel mehr mag erst die Korrektur ermüden, besonders, da meistens auch der Grund, warum er etwas verändert hat, angegeben werden soll? Dann müssen diejenigen, die nachlässiger geschrieben haben, schärfer zurechtgewiesen, die anderen ermutigt werden, den eingeschlagenen Weg eifrig fortzusetzen. Allerdings dürfen nicht nur die sprachlichen Fehler aufgezeigt werden, sondern bei den schon etwas Fortgeschrittenen müssen auch die Inhalte beachtet und die Vorlieben in die richtigen Bahnen gelenkt werden. Denn manche erfreuen sich an Streitereien, in anderen sitzt lächerliche Eitelkeit und grundlose Prahlerei. Und in der Regel gibt der Stil Auskunft über den Charakter. Wenn diese Schwächen an Stärke zunehmen und nicht aus den jungen Gemütern getilgt werden, haften sie ihnen mit höchster Schändlichkeit noch im Alter an.

Expendite quaeso, constent haec mediocribus praeceptoribus, vel si dociles habeant discipulos, et tamen nostris fere aut ingenia desunt aut deest voluntas discendi. Duplicatur autem labor, cum summa vi ad officium cogendi sunt. Nam ut in acie parum felix imperator, si milites habeat primum ignavos, deinde quos non pudeat fugere, postremo qui non obtemperent, sed pugnent iniussi, locum capiant ex suo arbitrio, non servent ordines. Etenim apud Thucydidem egregius quidam imperator dicit ad bene pugnandum requiri, ut velint milites, ut fugere pudeat, ut obtemperent imperatoribus, ita in hac scholastica militia miserrimis curis praeceptor conficitur, cum docendos susceperit, qui primum non flagrant ulla cupiditate discendi. Nihil enim in omni vita egregium effici potest, nisi animus studio eius rei, quam affectat, ardeat et ad eam magno quodam motu atque impetu rapiatur. At nostri turpiter frigent in discendo (126) nec accendi ulla ratione possunt, magis cogi volunt tamquam pecudes. Deinde nec laudis amore nec pudore exstimulantur. Porro cum hominum naturae proprie pudor insitus sit, quid esse nostros pueros dicam, quos adeo non pudet inscitiae? Ego verius monstra

Überlegt bitte, dass diese Probleme selbst bei mittelmäßigen Lehrern bestehen, sogar wenn sie gelehrige Schüler haben. Und dennoch fehlt unseren Schülern entweder die Begabung oder der Wille zum Lernen. Die Mühe aber verdoppelt sich, wenn die Schüler unter größtem Kraftaufwand zu ihren Aufgaben gezwungen werden müssen. Denn es ist wie bei einem unglücklichen Feldherrn in einer Schlacht, wenn er erstens träge Soldaten hat, zweitens Soldaten, die sich nicht schämen zu fliehen, und drittens welche, die nicht gehorchen, sondern ohne Befehl kämpfen, ihren Platz nach eigenem Ermessen einnehmen und keine Ordnung einhalten. Und in der Tat sagt ein ausgezeichneter Feldherr bei Thukydides:[36] Um erfolgreich zu kämpfen, sei es erforderlich, dass die Soldaten den Willen dazu haben, dass sie sich schämen zu fliehen und dass sie den Feldherren gehorchen. So wird der Lehrer in diesem schulischen Kriegsdienst von den schlimmsten Sorgen geplagt, wenn er Schüler angenommen hat, die – erstens – von keinerlei Lernbegierde brennen.[37] Denn im ganzen Leben kann nur Ausgezeichnetes erreicht werden, wenn der Geist vor Eifer nach der Sache, die er anstrebt, brennt, und mit starker Bewegung und Drang zu ihr hingerissen wird. Aber unsere Schüler lässt das Lernen furchtbar kalt (126) und sie können auf keine erdenkliche Weise entflammt werden. Lieber wollen sie wie Vieh getrieben werden. Zweitens lassen sie sich weder durch den Wunsch nach Anerkennung noch durch ihr Schamgefühl anspornen. Was soll ich weiter über unsere Knaben sagen, die sich so wenig ihrer Unwissenheit schämen, obwohl doch die Scham insbesondere der menschlichen Natur eigen ist? Ich darf sie wohl mit mehr Recht menschliche Missgestalten nennen als solche,

hominum dixerim, quam qui mutilis membris aut caeci nascuntur. Est enim levius malum mutilo pede esse quam humana mente carere. Isti enim simpliciter humana specie beluinas mentes tegunt, quos in re turpissima flagitiosissimaque sui nihil pudet. Postremo numquam quisquam tam felix praeceptor fuit, cui ita obtemperarit discipulus, ut praescriptam discendi rationem secutus sit, ut ad hos auctores evolvendos alligari se passus sit, in quibus eum solis versari atque commorari tamquam domi suae praeceptor volebat, ut ad tempus scripta absolverit, ut ea, quae edidicit, statis horis memoria repetiverit, ut sermone castigatiore apud sodales usus sit. Nostri quidem nihil horum praestant, in carcerem se includi citius patientur quam in uno auctore detineri. Varietas grata est illi aetati. Itaque varia, sed plerumque deteriora legunt, si tamen aliquid legunt. Iam fodere malunt quam memoriam aut linguam exercere. Sic sunt pueri in genere, alii magis, alii minus ignavi. Nam etiamsi quis indole generosa est, tamen ea aetate parum in animis roboris est. Et quemadmodum longus labor est infantium corpora firmare gestando aliisque mollibus exercitiis, sic infantia ingeniorum non nisi sero curatur, postquam diu summa comitate docueris et assuefeceris

die mit verstümmelten Gliedern oder blind geboren werden. Es ist nämlich ein geringeres Übel, einen verstümmelten Fuß zu haben, als ohne menschlichen Verstand zu sein. Denn diese Jungen, die sich in einer höchst peinlichen und schmachvollen Angelegenheit nicht ihrer selbst schämen, verbergen ihre tierische Gesinnung bloß hinter einer menschlichen Fassade.[38] Schließlich war nie ein Lehrer so glücklich, dass ihm ein Schüler so gehorcht hätte, dass er den vorgeschriebenen Lernplan befolgt hätte, dass er sich hätte verpflichten lassen, die Autoren zu lesen, mit denen er sich nach dem Willen seines Lehrers ausschließlich beschäftigen und bei denen er sich gleichsam zu Hause fühlen soll, dass er die schriftlichen Arbeiten rechtzeitig abgefasst hätte, dass er das Gelernte zu festgesetzten Stunden wiederholt hätte, dass er sich unter seinen Mitschülern einer züchtigeren Ausdrucksweise bedient hätte. Unsere Schüler leisten nichts davon. Sie werden sich eher in einen Kerker sperren als bei einem Autor festhalten lassen. Jene Altersgruppe begrüßt die Abwechslung. Daher lesen sie dies und das, meist aber Sachen von ziemlich schlechter Qualität, wenn sie überhaupt irgendetwas lesen. Sie wollen lieber den Boden umgraben als das Gedächtnis oder die Sprache trainieren. So sind die Knaben im allgemeinen, die einen mehr, die anderen weniger faul. Denn wenn auch irgendeiner von Natur aus edel ist, hat er trotzdem in diesem Alter zu wenig geistige Stärke. Und während man lange Mühe aufwenden muss, um die Körper von Säuglingen durch Tragen und andere leichte Übungen zu stärken, so heilt man nur spät die Kindlichkeit im Geiste, nachdem man seine Schüler lange und mit äußerster Gutmütigkeit belehrt, an etwas gewöhnt und nicht anders behandelt hat, als Am-

nec aliter tractaris, atque suos alumnos nutriculae tractant. In tanta inertia istorum cogitate quid animi praeceptori sit, nimirum idem, quod imperatori, qui abiecta victoriae spe intellegit hosti salutem tum suam tum patriae scelere exercitus sui proditam esse. Consumitur acerbissimis curis videns tam male locari gravissimos labores in iuventute formanda.

Dixi hactenus de aerumnis, quas in docendo tantum perferimus; restat altera officii nostri pars longe difficilior superiori, cura regendorum morum. Quid ibi mali non videt praeceptor? Primum aetas illa natura ad vitium propensior est. Et Plato scripsit nullam beluam intractabiliorem esse puero. Itaque tantopere sudabit praeceptor in regendis his, qui domi summa diligentia parentum ad religionem et ad bonos mores instituti sunt, ut leonem aut ursum experiatur facilius posse (127) gubernari quam hos. Et tamen in scholas quotquot fere mittuntur, pessimos mores turpissima exempla afferunt, ut refingendi sint de integro. Est autem difficilius prava, quae semel insederunt, dedocere quam recte docere. Scitis enim musicum illum gemina mercede docuisse, qui ante sub aliis magistris male assuefacti erant. Pugnamus ergo cum ingeniis puerilibus, quae

men ihre Schützlinge behandeln. Bedenkt in Anbetracht der so großen Faulheit dieser Zöglinge hier, wie der Lehrer sich fühlen mag – in Wahrheit ebenso wie ein Feldherr, der, nachdem er die Hoffnung auf Sieg aufgegeben hat, gewahr wird, dass erst sein eigener Schutz, dann der des Vaterlandes durch die Ruchlosigkeit seines eigenen Heeres dem Feind preisgegeben worden ist. Er wird von den bittersten Sorgen zerfressen und erkennt dabei, dass auch die ärgsten Bemühungen dennoch so schlecht in die Unterweisung der Jugend investiert sind.

Bis jetzt habe ich über die Mühseligkeit gesprochen, die wir bloß in der Lehre durchstehen. Der andere Teil unseres Berufes, der weitaus schwieriger ist als der vorher geschilderte, steht noch aus: das Bemühen um die charakterliche Bildung. Welche Unart begegnet dem Lehrer darin nicht? Zunächst ist jenes Alter naturgemäß stärker zum Laster geneigt. Und Platon hat geschrieben, kein Tier sei schwerer zu bändigen als der Knabe.[39] Daher wird der Lehrer so sehr bei der Leitung derer ins Schwitzen geraten, die zu Hause mit größter Sorgfalt der Eltern zu Frömmigkeit und gutem Benehmen erzogen wurden, dass er erfahren muss, Löwe oder Bär könne leichter (127) geführt werden als diese. Und doch bringen gewöhnlich alle, die in die Schule geschickt werden, die schlimmsten Angewohnheiten und die furchtbarsten Manieren mit, so dass sie noch einmal von Grund auf geformt werden müssen. Es ist aber schwieriger, Verkehrtes, das sich einmal eingeprägt hat, auszutreiben, als Richtiges zu lehren.[40] Denn ihr wisst, dass jener Musiker diejenigen für den doppelten Lohn unterrichtet hat, die sich vorher bei anderen Lehrern Schlechtes angewöhnt hatten. Also kämpfen wir mit einem jugendlichen Tempera-

per sese ferocissima sunt, praesertim in Germanis et domestico usu corrupto. Videte enim istos bonos parentes, quorum multi se evangelicos vocant, cum in ea aetate prima esse tradendae religionis cura debeat, hi ne quidem sacras preces, decalogum et hoc genus alia domi docent, plerique parentes contemptum religionis docent. Tam corruptum hoc nostrum saeculum est, ut iure possis dicere deceptum esse satiricum, cum dixit:

»Nil erit ulterius, quod nostris moribus addat.
Posteritas [...].
Omne in praecipiti vitium stetit.«

Neque enim dici potest, quanta accessio scelerum omnis generis nuper adeo ad vetera vitia facta sit. Domestica disciplina periit, quae tamen nobis pueris erat mediocris. Magna diligentia domi tradebantur elementa pietatis. Nunc alia res est, ridentur sacra, eamque summam sapientiam ducunt. Et quia dei metus exemptus est animis puerorum, ruitur in omnia vitia, quorum ego iam memoratione non delector. Proinde cum in scholam ventum est, necesse est sumi in docendis primis pietatis gymnasmatis operam. Sed quid discerent infecti ante impiis opinionibus? Sed ut me-

ment, das an sich höchst undiszipliniert ist, besonders in Deutschland und im verdorbenen familiären Umgang. Schaut euch nun aber diese guten Eltern an, von denen viele sich evangelisch nennen: Obwohl gerade in diesem Alter die erste Sorge darin bestehen sollte, die Kinder religiös zu unterweisen, bringen diese ihnen zu Hause nicht einmal die heiligen Gebete, die Zehn Gebote und anderes dieser Art bei, die meisten Eltern bringen ihnen vielmehr die Geringschätzung der Religion bei. So verkommen ist unser Jahrhundert, dass du mit Recht sagen kannst, der Satiriker habe sich geirrt, als er sagte:

> »Es wird nichts darüber hinaus geben, was die Nachwelt unseren Sitten zufügen könnte. […] Jegliches Laster befand sich auf jäher Höhe.«[41]

Denn es lässt sich nicht in Worte fassen, wie viele Bosheiten jedweder Art erst vor kurzem zu den alten Unsitten hinzugekommen sind. Die häusliche Disziplin ist verloren gegangen, die doch in Maßen üblich war, als wir Jungen waren. Mit großer Sorgfalt wurden zu Hause die Grundsätze der Frömmigkeit weitergegeben. Jetzt ist es anders: Man macht das Heilige lächerlich und hält dies für die höchste Weisheit. Und weil die Gottesfurcht aus den Gemütern der Knaben verschwunden ist, stürzt man sich in alle Laster, deren Erwähnung gerade mir alles andere als eine Freude ist. So wird es nötig, Mühe für die Lehre der ersten Übungen zur Frömmigkeit aufzuwenden, wenn die Jungen in die Schule gekommen sind. Aber was würden sie schon lernen, nachdem sie sich vorher von ungläubigen Vorstellungen haben anstecken lassen? Aber welch große Mühe

diocriter succedat, tamen in officio retinere quantus labor est, domi retinere, arcere a corruptis sodalibus, a ganeis, ab alea et reliquis similibus? Hoc qui potest, illum ego non hominem, sed plane deum quendam caelitus in terras publicae salutis causa delapsum esse pronuntiavero. Mille artes excogitant pueri fallendi praeceptoris. Et in pluribus tantus furor est, ut palam contemnat imperium. Quia enim a litteris perpetuae feriae sunt, otium et docet et alit vitia. Est enim verissima sententia, quam reliquit scriptam Columella in praeceptis, quae patrifamilias praescribit:

»Nil agendo fieri, ut homines male agere discant.«

Iam ubi domo tamquam e carcere refractis repagulis fugerit adulescens, miserrimae curae subeunt animum praeceptoris. Quae ille in fabula Mitio sibi venire in mentem (128) dicit de filio, eadem praeceptorem sollicitum habent, ne ille uspiam ceciderit aut perfregerit aliquid aut vulnus acceperit, et hoc genus alia. Quare iam cogitat sibi summa vi coercendum esse discipulum. Et cum hactenus a plagis abstinu-

macht es doch, sie bei ihrer Arbeit zu halten, damit man einigermaßen vorankommt? Sie zu Hause zu halten, von verdorbenen Freunden abzuschirmen, von Kneipen, vom Würfelspiel und derartigem fernzuhalten? Jenen, der dazu in der Lage ist, werde ich nicht einen Menschen, sondern freiheraus eine Art Gott nennen, der vom Himmel auf die Erde herabgekommen ist, um allgemeines Heil zu stiften. Tausend Mittel und Wege denken sich die Knaben aus, um ihren Lehrer an der Nase herumzuführen. Und bei der Mehrzahl ist das wilde Temperament so stark ausgeprägt, dass sie vor aller Augen den Anordnungen trotzen. Weil sie nämlich unentwegt Ferien von den Studien haben, ist der Müßiggang Lehrer und fördert ihre Schwächen. Denn es gibt einen überaus treffenden Spruch,[42] den Columella aufgeschrieben und uns unter seinen Ratschlägen, die er dem Gutsbesitzer erteilt, hinterlassen hat:

> »Durch Nichtstun geschehe es, dass die Menschen lernen, Schlechtes zu tun.«[43]

Sobald der Jugendliche nach Aufbrechen der Türriegel aus dem Haus wie aus einem Kerker geflohen ist, beschleichen die jämmerlichsten Sorgen das Gemüt des Lehrers. Was jenem Mitio, wie er in der Komödie sagt, (128) hinsichtlich seines Sohnes in den Sinn kommt, dasselbe beunruhigt den Lehrer: Jener könnte irgendwo hingefallen sein, sich irgendetwas gebrochen oder sich eine Wunde zugezogen haben und anderes dieser Art.[44] Deshalb denkt er jetzt daran, dass er den Schüler mit äußersten Mitteln in seinen Schranken halten muss. Und obwohl der Schulmeister bislang von Schlägen Abstand genommen hat, müssen hier

erit, hic demum ad ferocitatem castigandam promuntur virgae. Nam nostri homines non nisi plagis coacti, sicut de Phrygibus in proverbio est, imperata faciunt. Hic ille miser supra tot mala carnificinam cogitur exercere, rem miserrimam, quaeque vel in primis noceat valetudini nostrae. Nemo enim tam ἀπαθὴς est praeceptor, quin ex contumacia adulescentium commoveatur quemque non perturbet in verberando impetus. Quid iam de cura valetudinis puerorum dicam? Quid de sumptibus moderandis? Quid de rationibus sumptuum perscribendis? Quae, ne nimis longum faciam, cogor omittere. Etenim:

»Non mihi si centum linguae sint oraque centum,
Omnia curarum percurrere nomina possim.«

Postquam praeceptoris labores recensui, nunc videte, quae vicissim pro his tum merces tum gratia redeat. Haec vero est tragica catastrophe: superiora omnia ludum et iocum dices fuisse, prout haec mala sunt, quae restant commemoranda.

Primum merces adeo est exigua, ut satiricus ea de re questus scripserit:

»Paenituit multos vanae sterilisque cathedrae.«

zuletzt die Ruten hervorgeholt werden, um die Unbändigkeit im Zaume zu halten. Denn unsere Zeitgenossen führen Anweisungen nur aus, wenn sie durch Schläge dazu genötigt werden, wie es in einem Sprichwort über die Phrygier heißt.[45] Hierbei wird jener arme Kerl gedrängt, über all das Schlimme hinaus auch noch Foltermethoden anzuwenden – eine äußerst unerfreuliche Angelegenheit, die vor allem unserer eigenen Gesundheit schadet. Denn kein Lehrer ist so seelenruhig, dass er sich von der Widerspenstigkeit der Jugendlichen nicht aufbringen ließe. Wen würde die Aufregung beim Prügeln nicht aus dem Gleichgewicht bringen? Was soll ich mehr von der Angst um die Gesundheit der Jungen reden? Was über die Beschränkung ihrer Ausgaben? Was über die Vorschriften dazu? Ich ringe mich dazu durch, dies auszulassen, um mich kurz zu fassen. Und in der Tat:

> »Auch wenn ich 100 Zungen und 100 Münder hätte,
> könnte ich nicht die Namen aller Sorgen nennen.«[46]

Seht nun einmal, nachdem ich die Mühen des Lehrers durchgegangen bin, welchen Lohn er dafür, dann welchen Dank er wiederum zurückerhält. Das ist wirklich eine tragische Katastrophe.[47] Du wirst sagen, dass all das Vorherige Spiel und Scherz gewesen sei, im Vergleich zu den Übeln, die noch geschildert werden müssen.

Zunächst ist der Lohn so gering, dass ein Satiriker darüber klagte:

> »Viele bereuten das unbedeutende und fruchtlose Lehramt.«[48]

Iure sterilem cathedram dixit. Nam fossorem pluris quam praeceptorem conducunt. In his miseriis algemus, vivimus siliquis et pane secundo et vix nos a fame defendimus. Videtis enim meam maciem, videtis, ut lacer incedam: quae si fortuna fecisset vel bibliopolam, scitis, quale sit id genus, ego iam auro onustus incederem tamquam aliquis satrapa.

Deinde summa ingratitudo puerorum est, qui non modo nullum se a nobis benficium accipere dicunt, sed neminem peius de se mereri arbitrantur quam nos. Qui nihil discunt, nos perinde ut litteras acerrime oderunt velut suos carnifices. Quidam alii leviter degustatis litteris cum iam aliquam induant eruditionis persuasionem, sic placent sibi (nam id solet ea aetas), ut praeceptores nihil morentur seque iam ad summum fastigium eruditionis pervenisse putent, ubi ex alto nos despiciant. Et non modo non vident, quam curtam habeant suppellectilem, sed ne id (129) quidem expendunt, quibus acceptum ferre debeant id, quantumcunque est, quod didicerunt. Nec ego interea recito, quam variis contumeliis nos afficiant, ut suspendant naso, posticis sannis petant, si quid moneamus. Videte quaeso, quam misera condicio nostra sit. In eam aetatem beneficia

Zu Recht bezeichnete er den Lehrstuhl als unfruchtbar. Entlohnt man doch den Feldarbeiter besser als den Lehrer. In diesem Elend frieren wir, leben von Hülsenfrüchten und trockenem Brot[49] und können uns kaum vor Hunger bewahren. Ihr seht ja wohl meine magere Erscheinung. Ihr seht, wie ich abgerissen daherkomme. Wenn irgendeine schicksalhafte Fügung mich auch nur zum Buchhändler gemacht hätte (ihr wisst, von welcher Art dieser Stand ist), dann würde ich jetzt mit Gold beladen umherstolzieren wie ein Satrap.[50]

Ferner ist die Undankbarkeit der Knaben unermesslich, die nicht nur behaupten, sie erhielten von uns keine Wohltat, sondern auch noch der Ansicht sind, niemand mache sich um sie schlechter verdient als wir. Sie lernen überhaupt nichts und hassen uns ebenso erbittert wie die Wissenschaften, als wären wir ihre Folterknechte. Manch andere sind, da sie sich nach kurzem Hineinschnuppern in die Wissenschaft[51] schon irgendeine Gelehrtheit einbilden,[52] so von sich selbst überzeugt (denn das ist typisch für das Alter), dass sie nichts mehr von ihren Lehrern wissen wollen und glauben, sie seien bereits am höchsten Gipfel der Bildung angelangt, aus dessen Höhe sie auf uns hinabblicken. Und es entgeht ihnen nicht nur, welch mangelhaftes Rüstzeug sie haben, sondern (129) sie hinterfragen nicht einmal, wem sie ihr Wissen, so gering es auch immer ist, verdanken. Auch will ich in der Zwischenzeit nicht davon sprechen, auf wie verschiedene Arten und Weisen sie uns beleidigen, wie sie die Nase rümpfen,[53] wie sie hinter unserem Rücken Grimassen schneiden,[54] wenn wir sie zu irgendeiner Sache ermahnen. Seht doch, wie erbärmlich unsere Lage ist. Einem Lebensalter werden

nostra collocantur, quae nondum benefacta intellegit: tantum abest, ut mutuo amore nos complecti aut gratiam habere pro nostris officiis queat. Sic pereunt nobis beneficia nostra magis quam ullis mortalibus. Nam etiam cum senuere discipuli, quia beneficii memoria non solet esse diuturna, nemo iam praeceptorum meminit, quidam etiam malam gratiam reddunt, ut Nero fecit. Neque puerorum parentes pluris nos faciunt quam ipsi pueri. Non expendunt depositam a se liberorum curam nobis imposuisse. Tota enim regendi docendique pueri provincia nobis tradita est plena sollicitudinibus et periculorum. Ipsi domi suae secure suum negotium agunt. Et iam cum mercedulam dederint, ut exprobrant nobis suum beneficium? Si quid recte fecit filius, nihil laudis ascribitur praeceptori. Si quid peccavit, accusatur praeceptor. Diogenes cum adulescentis gestum in edendo reprehensurus esset, paedagogo impegit colaphum. Sic isti, quidquid peccant liberi, transferunt culpam in praeceptores. Talis gratia nobis summis laboribus et curis redditur.

Si quis huc conferat pro nostris omnia vitae genera, inveniet in nullo tantum calamitatum quantum in nostro, planeque affirmare ausim nos omnium mortalium longe

Wohltaten erwiesen, das noch gar keinen Begriff von Wohltaten hat und so weit davon entfernt ist, unsere Zuwendung zu erwidern oder dankbar für unsere Dienste sein zu können. So werden die Wohltaten in unserem Falle mehr verschwendet als bei irgendwelchen anderen Menschen. Denn auch wenn unsere Schüler in die Jahre gekommen sind, denkt niemand mehr an seine Lehrer, da ja die Erinnerung an eine Wohltat gewöhnlich nicht lange währt. Manche danken es einem sogar mit Undankbarkeit, wie Nero es getan hat.[55] Auch die Eltern der Jungen achten uns nicht mehr als die Jungen selbst. Sie machen sich nicht bewusst, dass sie die Sorge um ihre Kinder von sich abgelegt und uns aufgebürdet haben. Denn uns wurde die gesamte leidvolle und riskante Aufgabe übertragen, den Knaben zu erziehen und zu unterrichten. Die Eltern selbst gehen zu Hause unbekümmert ihren eigenen Beschäftigungen nach. Und wie reiben sie uns ihre eigene Wohltat unter die Nase, nachdem sie uns schon einen kümmerlichen Lohn gezahlt haben? Wenn ihr Sohn etwas richtig gemacht hat, erntet der Lehrer keinerlei Lob. Wenn er einen Fehler gemacht hat, wird es dem Lehrer zum Vorwurf gemacht. Als Diogenes das Betragen eines Heranwachsenden beim Essen tadeln wollte, versetzte er dem Lehrer einen Faustschlag.[56] So schieben diese Leute die Schuld auf die Lehrer, was für Fehler ihre Kinder auch machen. Solcher Dank wird uns für die größten Mühen und Sorgen abgestattet.

Wenn jemand hier alle Lebensweisen mit der unseren vergleicht, wird er bei keiner auf so viel Unglück stoßen wie bei der unseren. Und ich möchte wagen, geradeheraus zu behaupten, dass wir weitaus gebeutelter als alle anderen

aerumnosissimos esse, qui cum summos labores obeamus, in summa tamen inopia vitam aegre traducimus et interim nullo non contumeliae genere afficimur a discipulis, ab illorum parentibus, denique ab his, de quibus praeclare meremur. Neque quisquam opinor vestrum est tam ferreo pectore, quin, si haec consideret, vehementer misericordia nostri commoveatur. Supersunt autem multo plura mala, sed ego defessus sum hac commemoratione, et tempus vetat prolixiorem esse orationem.

Itaque ut finiam, sunt mihi in hoc extremo actu discipuli nostri commonefaciendi, ut, quoniam audierunt sua vitia accusari, ignaviam, contemptum litterarum, amorem voluptatum atque otii, ingratitudinem, admoniti a nobis dent operam, ut haec emendent, ita et nobis minuetus labor noster, et ipsi domum summa cum laude redibunt (130) et afferent egregium instrumentum rei familiaris conservandae, dignitatis comparandae et reipublicae gerendae. Nam cum vacui domum redeunt, quid accidit? Quia nihil didicerunt, nullius usus sunt in republica domique cum summa ignominia vivunt. Deinde quia in otio multa vitia contraxere, ea haerent in illis, potant, amant, latrocinantur, ut

Sterblichen sind: Obwohl wir größte Strapazen auf uns nehmen, bringen wir unser Leben dennoch kummervoll in tiefster Armut zu, und bei alledem wird uns jede erdenkliche Form von Respektlosigkeit entgegengebracht, von den Schülern, von ihren Eltern und zuletzt von denen, um die wir uns außerordentlich verdient machen. Und ich kann mir nicht vorstellen, dass auch nur einer von euch ein so eisernes Herz hat, dass er nicht heftig Mitleid für uns empfände, wenn er diese Gegebenheiten in Augenschein nähme. Es sind zwar noch viel mehr Übel übrig, aber ich bin müde von dieser Schilderung und die Zeit verbietet eine allzu weitschweifige Rede.

Um zum Ende zu kommen, muss ich daher in diesem letzten Akt unsere Schüler ermahnen, da sie vernommen haben, wie ihre Laster, ihre Faulheit, ihre Geringschätzung der Wissenschaften, ihre Vorliebe für Vergnügungen und Müßiggang sowie ihre Undankbarkeit getadelt wurden, sich nach unserer Ermahnung Mühe zu geben, dies alles zu verbessern. So wird einerseits uns unsere Mühe erleichtert werden, andererseits werden sie selbst mit besten Auszeichnungen nach Hause zurückkehren (130) und erstklassiges Rüstzeug mitbringen, um ihre Vermögensverhältnisse zu wahren, Verdienste zu erwerben und Staatsgeschäfte zu führen. Denn was passiert, wenn sie mit leeren Köpfen nach Hause zurückkehren? Da sie nichts gelernt haben, sind sie ohne Nutzen für den Staat und bringen ihr Leben im Hause in äußerster Schande zu. Ferner, weil sie sich in ihrer Müßiggängerei viele Laster zugelegt haben, werden sie jene dann nicht mehr los: Sie trinken, huren herum und machen die Straßen durch Räuberei unsicher,[57] so dass sie

publicum odium urbis fiant. Exitus autem his moribus respondet: alii inter pocula occiduntur, alii suas fortunas in alea perdunt, alios perdidere amores. Possem infinita exempla recitare, si sineret tempus.

Sic enim deus poenam sumit de his, qui primum deo auctore adhibiti ad discendum non faciunt suum officium. Nam quod parentes iussere, id deus tamquam sua iussa fieri voluit. Deinde malam gratiam benemeritis praeceptoribus reddunt. Noli enim putare ullum esse scelus, quod perinde offendat deum atque ingratitudo. Sic enim scriptum est:

»Fore ut non recedat malum a domo ingrati.«

Quantum autem doctoribus debeatur, tum inde existimari potest, quod in vicem parentum succedunt et illorum affectus erga pueros induunt, tum etiam Paulus commonet, cum ait:

»Duplici honore dignos esse doctores.«

Proinde si cupitis, ut fortunet vobis deus universum vitae vestrae cursum, date operam, ut vicissim ea praestetis, quae ille a vobis exigit, ut naviter obeatis provinciam vobis a parentibus commissam et ut praeceptores vestros aman-

zu einem öffentlichen Ärgernis der Stadt werden. Ihr Lebensende aber entspricht ihrer Lebensweise: Die einen saufen sich zu Tode, andere verlieren ihr Hab und Gut beim Würfelspiel, und wieder andere hat ihr Liebesleben in den Ruin getrieben. Ich könnte unzählige weitere Beispiele anführen, wenn die Zeit es zuließe.

Denn auf solche Weise bestraft Gott die, die ihrer Pflicht nicht nachkommen, obwohl sie ursprünglich auf Gottes Geheiß zum Lernen angehalten wurden. Denn Gott will, dass die Gebote der Eltern wie seine eigenen befolgt werden. Ferner geben sie ihren wohlverdienten Lehrern Undank zurück. Glaube ja nicht, dass es irgendeine Freveltat gibt, die Gott ebenso beleidigt wie Undankbarkeit. Denn so steht es geschrieben:

> »Das Unheil wird nicht vom Haus des Undankbaren weichen.«[58]

Wie viel Dank man aber den Lehrern schuldig ist, kann man ferner daraus ermessen, dass sie an die Stelle der Eltern treten und väterliche Zuneigung gegenüber den Knaben empfinden. Das gibt ferner auch Paulus zu bedenken, wenn er sagt:

> »Lehrern gebühre die doppelte Ehre.«[59]

Wenn ihr daher wollt, dass Gott euch die gesamte Zeit eures Lebens Glück und Segen spende, so gebt euch Mühe, wiederum das zu leisten, was jener von euch verlangt: die Aufgabe, die euch von euren Eltern aufgetragen worden ist, eifrig zu betreiben, eure Lehrer liebevoll in Ehren zu halten

ter complectamini et religiose colatis, ut et nostra studia et nostrum amorem erga vos augeatis et mala nostra vestra commoditate mitigetis. Dixi.

und sie ehrfürchtig zu achten, damit ihr sowohl unsere Bemühung als auch unsere Liebe für euch vergrößert und unsere Leiden durch eure Gefälligkeit mildert. Ich bin am Ende angekommen.

Anhang

Zu dieser Ausgabe

Der lateinische Text folgt der Ausgabe *Melanchthons Werke in Auswahl.* Bd. 3. *Humanistische Schriften*, hrsg. von R. Nürnberger, Gütersloh ^{2}1969, S. 70–81.

Wie bei Nürnberger werden auch hier die Seiten des Corpus Reformatorum (CR 11,121–130) angegeben. Darüber hinaus soll eine Zeilenzählung den Umgang mit dem lateinischen Text erleichtern.

Mein besonderer Dank gilt an dieser Stelle Studiendirektor a. D. Dirk Bösel und Prof. Dr. Robert Seidel für die kritische Durchsicht des Manuskriptes und wertvolle Anregungen.

Außerdem möchte ich Sieglinde Ziegler für ihre kreative Mithilfe bei der Gestaltung des als Umschlagmotiv verwendeten Tafelbildes danken.

Anmerkungen

Ein Teil der in den Anmerkungen nachgewiesenen Anspielungen und Zitate wurde schon von Hartfelder 1891, S. XXXIX (H), und Wachinger 1997, S. 53–55 (W), ausfindig gemacht. Von mir identifizierte Belege sind mit (R) gekennzeichnet.

1 Vgl. Aesop, *Fabel* 196 (Hausrath/Hunger), *ΟΝΟΙ ΠΡΟΣ ΤΟΝ ΔΙΑ – Die Esel vor Zeus* (W).

2 Vgl. Valerius Maximus, *Facta et dicta memorabilia* 4,8,1 (R). Wörtlich bedeutet *ad calculos revocare* ›genau berechnen‹. Die *calculi* sind Rechensteine, die man in römischer Zeit für die Grundrechenarten auf einem Rechenbrett verschob. Die Metapher spielt möglicherweise auf das Schulfach Arithmetik an. Zwar gehörte die Arithmetik als Disziplin des Quadriviums zu den Fächern der Universität, jedoch taucht Mathematik auch in den Lehrplänen der größeren protestantischen Lateinschulen auf.

3 In Apuleius' *Metamorphosen* (9,10–13) schildert ein Esel die schlimmen Zustände in einer Stampfmühle (*pistrinum*), wo geschundene Arbeitstiere und ausgemergelte Sklaven im Kreis laufen müssen, um den Mühlstein in Gang zu halten. Für Sklaven war die Arbeit in der Mühle eine schwere Strafe (vgl. z. B. Terenz, *Andria* 199).

4 Ovid, *Tristia* 4,3,37 f.: *est quaedam flere voluptas / expletur lacrimis egeriturque dolor* (H).

5 *Fabulam agere* bedeutet wörtlich ›ein Theaterstück aufführen‹. Melanchthon stilisiert die Rede nach einer Tragödie, indem er seinen Vortrag mit Hilfe der Termini *Tragoediae praeludium, epitasis, tragica catastrophe* sowie *extremus actus* strukturiert (vgl. Nachwort). Die Begriffe *prologus, protasis, epitasis* sowie *catastrophe* stammen aus dem Terenzkommentar des Aelius Donatus bzw. der von ihm übernommenen *praefatio* des Euanthius (vgl. *De fabula* 4,5: *comoedia per quattuor partes dividitur: prologum, protasin, epitasin, catastrophen*). Bei Melanchthon fehlt die *protasis*, die Exposition des Dramas, bei der die Spannungsmomente aufgebaut

werden (vgl. Donat, *Excerpta de comoedia* 7,4: πρότασις *est primus actus fabulae, quo pars argumenti explicatur, pars reticetur ad populi exspectationem tenendam*). Möglicherweise geht Melanchthon in dieser Rede direkt vom *praeludium* zur *epitasis* über, da die Zustände in der Schule schon so desolat sind, dass ein langsamer Spannungsaufbau überflüssig wird. Auch in der Nürnberger Rede bezeichnet Melanchthon das Schulleben als Schauspiel und seinen Vortrag als Prolog (vgl. CR 11,106: *nam cum in scena hoc servetur, ut ante actionem de Poëtae voluntate, seu de fabulae argumento dicat prologus, postulaverunt a me isti,* [...] *ut ego velut fabulae ab ipsis agendae, prologus fierem.*

6 Terenz, *Heautontimorumenos* 77: *homo sum: humani nil a me alienum puto* (H). Dieser Ausspruch des Bauern Chremes wird seit der Antike häufig als Beispiel für menschliches Einfühlungsvermögen zitiert (Cicero, *De legibus* 1,33, *De officiis* 1,29 f.; Seneca, *Epistulae morales* 95,53; Augustin, *Epistulae* 155,14). Für eine differenzierte Diskussion vgl. Henry David Jocelyn, *Homo sum: humani nil a me alienum puto* (Terence, *Heautontimorumenos* 77), in: Antichthon 7 (1973), S. 14–46. Die Komödien des Terenz wurden an den humanistischen Lateinschulen meist als Einstiegslektüre gelesen.

7 Vgl. Plutarch, *Über die Geschwätzigkeit* 22 (*Moralia* 513 E8); Erasmus, *Adagia* 462d (R).

8 Melanchthon leitet seine Schilderung der Missstände in der Schule mit einer Anspielung auf eine Vergilstelle ein, in der Aeneas zu Beginn seiner Erzählung vom Untergang Trojas äußert, welch großen Schmerz es ihm bereitet, sich an das vergangene Unglück zu erinnern. Vgl. *Aeneis* 2,10–13: *sed si tantus amor casus cognoscere nostros / et breviter Troiae supremum audire laborem / quamquam animus meminisse horret luctuque refugit, / incipiam* (H).

9 Vgl. Melanchthons Nürnberger Rede CR 11,108: *nisi literis ad virtutem, ad humanitatem, ad pietatem excitentur ac formentur* (R). Vgl. Cicero, *Pro Archia poeta* 4: *nam ut primum ex pueris excessit Archias atque ab eis artibus quibus aetas puerilis ad humanitatem informari solet, se ad scribendi studium contulit* (R). In der Cicerorede ist wörtlich von Wissenschaften die Rede, die ›zum Mensch-

sein bilden‹. Das maßgeblich von Cicero geprägte Ideal der *humanitas*, das menschliche Qualitäten wie sittliche und geistige Bildung, Güte, Mitgefühl und Menschenfreundlichkeit sowie die Fähigkeit zu heiteren und geistreichen Gesprächen, Geschmack, Eleganz und Urbanität in sich vereinigt, geht von der Grundidee aus, dass der Mensch erst durch Bildung zum wahren Menschen wird. Dabei steht die Ausbildung der Sprache im Vordergrund, die den Menschen vom Tier unterscheidet. Im Humanismus lebt diese Idee in dem von Leonardo Bruni aus der Antike übernommenen Bildungsbegriff der *studia humanitatis* fort (vgl. Rudolf Rieks, »Humanitas«, in: Historisches Wörterbuch der Philosophie 3 [1974], S. 1231 f.; Friedrich Klingner, Humanität und Humanitas, in: Römische Geisteswelt, Stuttgart [5]1965, S. 704–746). Als Text, in dem das geschätzte Vorbild Cicero den Wert von griechischer Bildung und Literatur hervorhebt, war die Rede *Pro Archia Poeta* bei den Humanisten sehr beliebt. *Humanitas* steht bei Cicero häufig in Verbindung mit *virtus* (vgl. Cicero, *De oratore* 3,58: *artibus, quae repertae sunt, ut puerorum mentes ad humanitatem fingerentur atque virtutem*).

10 In römischer Zeit bezeichnet der Terminus *ludus litterarius* den Elementarunterricht im Lesen, Schreiben und Rechnen für Schüler von etwa sieben bis elf Jahren, welcher der Ausbildung beim *grammaticus* und anschließend beim *rhetor* vorausging. Zur Zeit Melanchthons ist damit die Lateinschule gemeint, die auch Partikular- oder Trivialschule genannt wurde, da auf ihr in Abgrenzung zum *gymnasium illustre* und zur Universität die Fächer des Triviums (Grammatik, Rhetorik sowie Dialektik) gelehrt wurden.

11 Aesop, *Fabel* 85 (Hausrath/Hunger), *ΠΙΘΗΚΟΣ ΚΑΙ ΚΑΜΗΛΟΣ – Der Affe und das Kamel* (R). Bei einer Versammlung der Tiere versucht das Kamel den Tanz des Affen nachzuahmen. Es stellt sich dabei so ungeschickt an, dass die anderen Tiere es mit Knüppeln vertreiben.

12 Vgl. Phaedrus, *Fabulae* (*Appendix Perottina*) 14 (Guaglianone): *Asinus ad lyram* (R). Ein Esel entdeckt auf einer Wiese eine Leier,

versucht, die Saiten mit seinem Huf zum Klingen zu bringen, und erkennt schließlich, dass andere diese Kunst besser verstehen.

13 Auf der Innenseite sind die Ohren des Esels weiß. Vgl. Persius, *Satiren* 1,59: *nec manus auriculas imitari mobilis albas* (H); Scholien: *auriculas albas, id est asinas; nam sic stulti ridentur. Apposito temporibus pollice imitantur aures asini aliis digitis* (W). Der Schüler verhöhnt seinen Lehrer, indem seine Hand Eselsohren nachahmt, wenn dieser wegschaut.

14 Vgl. Lukrez, *De rerum natura* 3,1000–02: *hoc est adverso nixantem trudere monte / saxum quod tamen <e> summo iam vertice rursum / volvitur et plani raptim petit aequora campi* (W). Sisyphus wird im Mythos in der Unterwelt dafür, dass er den Tod überwunden und so seine menschlichen Grenzen überschritten hat, von den Göttern bestraft. Er ist dazu verdammt, auf ewig einen Felsblock den Berg hinaufzuwälzen, der jedoch immer, bevor er den Berggipfel erreicht, wieder nach unten rollt. Der Mythos begegnet zuerst in Homers *Odyssee* 11,593–600.

15 Die Wendung ›schlafen, auf welchem Ohr du auch willst‹, ist in der lateinischen Sprache sprichwörtlich für den sorglosen Schlaf; vgl. Plautus, *Pseudolus* 122 f.: *Pseudolus: de istac re in oculum utrumvis conquiescito. / Calidorus: utrum? anne in aurem? Pseudolus: at hoc pervolgatumst minus*; Terenz, *Heautontimorumenos* 341 f.: *ademptum tibi iam faxo omnem metum, / in aurem utramvis otiose ut dormias* (W); Otto 1890, S. 47.

16 Die griechische Redensart οὐ φροντὶς Ἱπποκλείδῃ – »Hippoclides sorgt sich nicht« – steht für ungebremste Schamlosigkeit; vgl. Herodot 6,129 (W); Erasmus, *Adagia* 371c (H). Bei einem Fest zu Ehren seiner bevorstehenden Hochzeit tanzt Hippoclides ausgelassen, steigt seinem Schwiegervater zum Trotz auf einen Tisch und wackelt kopfüber mit den Beinen.

17 Zum griechischen Sprichwort vgl. Lukian, *Symposion* 3; Erasmus, *Adagia* 262a (W).

18 Quintilian, *Institutio oratoria* 2,5,13: *sic audientibus securitas aberit nec quae dicentur superfluent aures* (R).

19 Vergil, *Georgica* 2,401: *redit agricolis labor actus in orbem* (W). Melanchthon assoziiert die Mühe des Lehrers mit der Arbeit des Bauern, die mit dem Wechsel der Jahreszeiten immer wieder von neuem anfällt.

20 Der Ausdruck *truncus* (wörtlich ›Baumstamm‹) ist sprichwörtlich für einen engstirnigen und stumpfsinnigen Menschen. Vgl. Cicero, *In L. Calpurnium Pisonem* 9,19: *tamquam truncus atque stipes*; Otto 1890, S. 332.

21 Die Wendung *cornea fibra* (wörtlich ›Eingeweide aus Horn‹) ist topisch für Gefühllosigkeit; vgl. Persius *Satiren* 1,47: *neque enim mihi cornea fibra est* (W); vgl. Erasmus, *Adagia* 280d (R).

22 Ovid, *Metamorphosen* 10,75 (über Orpheus): *cura dolorque animi lacrimaeque alimenta fuere* (R).

23 Vgl. Seneca, *Naturales quaestiones* 6,23,4: *quisquis primas litteras didicit, scit illum apud Homerum* Ἐνοσίχθονα *vocari* (R).

24 Das von *praeludere* (›ein Vorspiel verfassen‹, ›eine Probe abhalten‹) abgeleitete Substantiv *praeludium* begegnet als *terminus technicus* für den Prolog des Dramas erst im Humanismus, so etwa in Conrad Celtis' Komödie *Ludus Dianae*. Bei Donat ist die *epitasis* der mittlere Teil des Dramas, in dem sich die Handlung unter Steigerung der Spannung wie bei einem Knoten verwickelt (vgl. Euanthius, *De fabula* 4,5: *epitasis incrementum processusque turbarum ac totius, ut ita dixerim, nodus erroris*).

25 Vgl. Cicero, *De oratore* 3,150: *in quo consuetudo etiam bene loquendi valet plurimum* (R) (in Bezug auf die Wortwahl).

26 *Converrere* heißt wörtlich ›zusammenkehren‹, ›auffegen‹ (zur Reinigung). Die Metapher impliziert, dass die Bestandteile der jugendlichen Rede so minderwertig sind wie Abfall.

27 Die Wendung ›stumm wie eine Statue‹ ist sprichwörtlich; vgl. Horaz, *Epistulae* 2,2,83; Otto 1890, S. 331; Erasmus, *Adagia* 1024c (R).

28 Celsus, *De medicina* 2,6: *eademque labra, et nares, oculique, et palpebrae, et supercilia, aliquave ex his pervertuntur* (R) (über ein Krankheitsbild).

29 Epilepsie wurde in der Antike *morbus comitialis* genannt, da ihr

Eintritt, der als schlechtes Omen gedeutet wurde, die Komitien, d. h. die römische Volksversammlung, abbrach. Die krampfartige Verzerrung des Gesichtes (*spasticus cynicus*), bei der man die Zähne sieht, erinnerte möglicherweise an einen Zähne fletschenden Hund. Vgl. Plinius, *Naturales quaestiones* 25,60: *medetur ita morbis comitialibus, ut diximus,* [...] *spasticis cynicis* (W).

30 Horaz, *Epistulae* 1,18,12–14: *sic iterat voces et verba cadentia tollit, / ut puerum saevo credas dictata magistro / reddere* (R). Zu *verbum cadens* als Kasusendung vgl. *Rhetorica ad Herennium* 4,12,18.

31 Unter *lectio* versteht man in der Lateinschule eine Unterrichtsform, bei der lateinische Texte vorgetragen und ausgelegt wurden (vgl. Seifert 1996, S. 268 f.). Vgl. Quintilian 1,5,11: *auctores quos praelegunt criminantur* (W).

32 Das Sprichwort *oleum et operam perdere* bedeutet wörtlich ›Öl und Mühe verschwenden‹. Die Metonymie verweist entweder auf das Öl, das die Gladiatoren zum Einreiben vor dem Kampf verwendeten (vgl. Plautus, *Poenulus* 332: *tum pol ego et oleum et operam perdidi*; Cicero, *Epistulae ad familiares* 7,1,3: *nam quid ego te athletas putem desiderare, qui gladiatores contempseris? in quibus ipse Pompeius confitetur se et operam et oleum perdidisse*), oder das Öl, das in Lampen verwendet wurde, die man sich für die nächtliche Arbeit anzündete (Cicero, *Epistulae ad Atticum* 2,17,1: *non deflebimus, ne et opera et oleum philologiae nostrae perierit, sed conferemus tranquillo animo*); vgl. Erasmus, *Adagia* 171e (R).

33 Der Ausdruck *suo Marte* ist sprichwörtlich, vgl. Cicero, *De officiis* 3,34: *hanc igitur partem relictam explebimus nullis adminiculis, sed, ut dicitur, Marte nostro*; Otto 1890, S. 214; Erasmus, *Adagia* 228f (R).

34 Die *virgula divina* wird mit dem Stab des Hermes, der Circe oder der Pallas Athene (Homer, *Odyssee* 16,172) in Verbindung gebracht; vgl. Cicero, *De officiis* 1,158 (W); Horaz, *Carmina* 1,24,16; Otto 1890, S. 373; Erasmus, *Adagia* 66a (R).

35 Vgl. Horaz, *Ars poetica* 445 (H).

36 Der Athener Thukydides (um 460 bis nach 404 v. Chr.) war ein berühmter Geschichtsschreiber und verfasste ein Werk über den Peloponnesischen Krieg.

37 Seneca, *Epistulae morales* 108,1: *ista cupiditas discendi, qua flagrare te video* (R).

38 Vgl. Nürnberger Rede CR 11,111: *sed plane humana specie beluinam mentem tegit* (R) (in Bezug auf Eltern, die keinen Wert auf die Bildung ihrer Kinder legen).

39 Vgl. Platon, *Gesetze* 6,766a (H).

40 Augustinus, *De moribus ecclesiae catholicae et de moribus Manichaeorum*, Buch 1, Kapitel XIX 35, Zeile 17 f. (*Corpus Scriptorum ecclesiasticorum Latinorum* Bd. 90, S. 40): *non enim modo suscepi docere vos recta, sed dedocere prava* (R).

41 Vgl. Juvenal, *Satiren* 1,147–149 (H).

42 Augustinus, *De beata vita* Kapitel 4, Z. 44 (*Corpus Christianorum Bd.* 29, S. 78): *verissima est enim illa sententia* (R).

43 Columella zitiert diesen Ausspruch Catos in einem Kapitel über die Arbeit des Gutsverwalters, der darauf achten muss, dass die ihm unterstellten Sklaven auch ihre Arbeit erledigen (Columella 11,1,26: *nam illud verum est M. Catonis oraculum: nihil agendo homines male agere discunt* [H]).

44 Vgl. Terenz, *Adelphoe* 36–38 (W). In der Komödie über einen Erziehungskonflikt steht Mitio, dessen liebevolle Erziehung seines Adoptivsohnes Aeschinus auf Kameradschaft und Vertrauen beruht, für liberale Methoden.

45 Vgl. Suda φ 772 (4,768,18 Adler); Erasmus, *Adagia* 311d (H).

46 Vergil, *Aeneis* 6,625–627: *non, mihi si linguae centum sint oraque centum / ferrea vox, omneis scelerum comprendere formas, / omnia poenarum percurrere nomina possim* (H). Melanchthon wandelt das Zitat ab, indem er den mittleren Vers auslässt und *poenarum* durch *curarum* ersetzt.

47 Bei Donat ist die *catastrophe* das letzte Element der Handlung eines Dramas, bei der eine Wende eintritt und der Konflikt gelöst wird (vgl. Euanthius, *De fabula* 4,5; Aristoteles, *Poetik* 10). Je nachdem, ob es sich um eine Tragödie oder Komödie handelt,

wendet sich das Schicksal des Helden zum Schlechten oder zum Guten. In dieser Rede folgt auf die Katastrophe noch der *extremus actus*, der letzte Akt des Stückes, in dem die Schüler zur Einsicht bewogen werden sollen.

48 Juvenal, *Satiren* 7,203 (H).

49 Vgl. Horaz, *Epistulae* 2,1,123: *vivit siliquis et pane secundo* (W) (über die Armut des Dichters).

50 Ein Satrap war ein Statthalter des persischen Königs, der unter anderem für die Erhebung und Einsammlung der Steuern zuständig war. Oft stellte er seinen Reichtum in Schmuck und edler Kleidung zur Schau (vgl. z. B. Terenz, *Heautontimorumenos* 452).

51 Vgl. Quintilian, *Institutio oratoria* 12,2,4: *sed hoc transeo, de quo neminem qui litteras vel primis, ut aiunt, labris degustarit dubitaturum puto* (R).

52 Vgl. Quintilian, *Institutio oratoria* 1,1,8: *nihil est peius iis qui paulum aliquid ultra primas litteras progressi falsam sibi scientiae persuasionem induerunt* (R).

53 Vgl. Horaz, *Satiren* 1,6,5 f.: *(nec) ut plerique solent, naso suspendis adunco / ignoto* (W); 2,8,64–66: *Balatro suspendens omnia naso / »haec est condicio vivendi« aiebat »eoque / responsura tuo numquam est par fama labori«*; Persius, *Satiren* 1,118 (über Horaz): *callidus excusso populum suspendere naso*; Erasmus, *Adagia* 307d (R).

54 Persius, *Satiren* 1,62: *posticae occurrite sannae* (W); Erasmus, *Adagia* 987b (R).

55 Der römische Kaiser Nero zwang seinen Lehrer Seneca im Jahre 65 n. Chr. zum Selbstmord, nachdem er ihn zuvor der Teilnahme an der Pisonischen Verschwörung beschuldigt hatte.

56 Der Philosoph Diogenes von Sinope (412/403–324/321 v. Chr.), dessen Anekdoten bei Diogenes Laertius (6,20–81) und in diversen *Apophthegmata* überliefert werden, war ein prominenter Vertreter der Kyniker. Auch Erasmus erzählt in seinen *Apophthegmata* Geschichten von Diogenes, von der eine an diese erinnert: Als Diogenes mit halbgeschorenem Kopf zu einem Gastmahl von Jugendlichen hinzustößt, wird er dort unfreundlich

aufgenommen und mit Schlägen vertrieben. Der Tadel erfolgt hier jedoch erst im Nachhinein (vgl. Erasmus, *Apophthegmata* 3, *Diogenes* 28; Diogenes Laertius 6,33).

57 Sallust, *Catilina* 11,6: *ibi primum insuevit exercitus populi Romani amare potare, signa tabulas pictas vasa caelata mirari, ea privatim et publice rapere, delubra spoliare* (über den Sittenverfall im römischen Heer); *Bellum Iugurthinum* 85,41 (W).

58 Vgl. *Sprüche* 17,13: *qui reddit mala pro bonis non recedet malum de domo eius* (H).

59 Vgl. *1. Timotheus* 5,17: *qui bene praesunt presbyteri duplici honore digni habeantur* (H).

Literaturhinweise

Melanchthon: Textausgaben und Übersetzungen

Orationes aliquot lectu dignissimae, a Philippo Mel. atque alijs doctissimis quibusdam in publica Vuittenbergensium schola pronunciatae. Hannover 1533.

Philippi Melanchthonis Opera quae supersunt omnia. Volumen XI. Edidit C. G. Bretschneider. Halle 1843. [Corpus Reformatorum, abgekürzt: CR]

Philippus Melanchthon: Declamationes. Ausgewählt und hrsg. von K. Hartfelder. Berlin 1891.

Von den Leiden der Lehrer. Ph. Melanchthons *De miseriis paedagogorum oratio*, übers. von C. Andreae. Beigabe zum Jahresbericht der Kgl. Lehrerbildungsanstalt zu Kaiserslautern 1897. Kaiserslautern 1897.

Melanchthons Werke in Auswahl. Bd. 3. Humanistische Schriften. Hrsg. von R. Nürnberger. Gütersloh [2]1969.

Weitere Textsammlungen und Ausgaben

Corpus Christianorum. Series Latina. Turnhout 1954 ff.

Corpus Fabularum Aesopicarum. Vol. I. Edidit A. Hausrath. Fasc. 1–2. Editionem alteram curavit H. Hunger. Leipzig 1959–79.

Corpus Scriptorum ecclesiasticorum Latinorum. Salzburg 1866 ff.

Phaedri Augusti Liberti Liber Fabularum. Recensuit A. Guaglianone. Turin 1969.

Sekundärliteratur

Arnhardt, Gerhard / Reinert, Gerd-Bodo: Philipp Melanchthon. Architekt des neuzeitlich-christlichen deutschen Schulsystems. Donauwörth 1997.

Döpp, Siegmar: Lateinlernen im Alfeld der Frühen Neuzeit. In: Martin Korenjak / Florian Schaffenrath (Hrsg.): Der Altsprachliche Unterricht in der Frühen Neuzeit. Innsbruck 2010, S. 79–90.

Hartfelder, Karl: Philipp Melanchthon als Praeceptor Germaniae. Berlin 1889.

Hintzen, Beate: »Melanchthon, Philipp«. In: Der Neue Pauly. Supplemente Bd. 6. Stuttgart 2012, S. 805–810.

IJsewijn, Jozef / Sacré, Dirk: Companion to Neo-Latin Studies. Bd. 2. Literary, Linguistic, Philological and Editorial Questions. Löwen ²1998.

Otto, August: Die Sprichwörter und sprichwörtlichen Redensarten der Römer. Leipzig 1890.

Scheible, Heinz: Melanchthons Bildungsprogramm. In: Hartmut Brookmann [u. a.] (Hrsg.): Lebenslehren und Weltentwürfe im Übergang vom Mittelalter zur Neuzeit. Göttingen 1989, S. 233–248.

– : »Melanchthon, Philipp (1497–1560)«. In: Theologische Realenzyklopädie 22 (1992), S. 371–410.

– : Melanchthon. Eine Biographie. München 1997.

Schmidt, Günter R. (Hrsg.): Philipp Melanchthon. Glaube und Bildung. Texte zum christlichen Humanismus. Lat./Dt. Ausgewählt, übers. und hrsg. von G. R. S. Stuttgart 1989.

Seifert, Arno: Das höhere Schulwesen. Universitäten und Gymnasien. In: Notker Hammerstein (Hrsg.): Handbuch der deutschen Bildungsgeschichte. Bd. 1. 15. bis 17. Jahrhundert. München 1996, S. 197–374.

Stempel, Hermann-Adolf: Melanchthons pädagogisches Wirken. Bielefeld 1979.

Wachinger, Franz: Melanchthon, *De miseriis paedagogorum oratio*. In: Der Altsprachliche Unterricht 40,6 (1997), S. 49–68.

Wollersheim, Heinz-Werner: Philipp Melanchthon und die Organisation des protestantischen Schulwesens in Sachsen. In: Philipp Melanchthon und das städtische Schulwesen. Begleitband zur Ausstellung. Hrsg. von der Lutherstadt Eisleben. Halle 1997, S. 49–80.

1526
VIVENTIS·POTVIT·DVRERIVS·ORA·PHILIPPI
MENTEM·NON·POTVIT·PINGERE·DOCTA
MANVS
AD

Nachwort

Das Leben Philipp Melanchthons

Ein Kupferstich Albrecht Dürers aus dem Jahr 1526 zeigt den 29jährigen Wittenberger Professor Philipp Melanchthon. Auch wenn die Inschrift vorgibt, in der Darstellung nur das Gesicht und nicht den Geist abbilden zu können,[1] verbindet man das leicht zerzauste, lockige Haar, die hohe Stirn und den klaren Blick mit der geistigen Größe des Humanisten. Der am Kragen locker geöffnete Talar könnte dessen Offenheit für neue Ideen andeuten. Wer war dieser Mann, dessen magere, schmächtige Statur Dürer in seinem Bildnis ausblendet und der selbst seine schnarrende Stimme beklagte?

Philipp Schwartzerdt wurde am 16. Februar 1497 als ältester Sohn des kurpfälzischen Rüstmeisters Georg Schwartzerdt und dessen Frau Barbara Reuter, der Tochter des Schultheißen, in Bretten geboren. Nach dem Tod seines Vaters gelangte er 1508 in die Obhut der entfernten Verwandten Elisabeth Reuchlin, Schwester des berühmten Humanisten und Hebraisten, nach Pforzheim, wo er gut vorbereitet durch den Hauslehrer Johann Unger die Lateinschule Georg Simlers besuchte, an der er auch Griechisch lernte. Johann Reuchlin förderte den begabten Jungen und gab ihm die gräzisierte Form seines Namens, Μελάγχθων (zusammengesetzt aus μέλας »schwarz« und χθών »Erde«). Ein Jahr darauf, im Alter von zwölf Jahren, ging Melanchthon an

1 *Viventis potuit Durerius ora Philippi / mentem non potuit pingere docta manus.*

die Universität Heidelberg, die er bereits 1511 als *Baccalaureus artium* wieder verließ. In Heidelberg lebte er im Hause des Theologieprofessors Pallas Spangel, in dem Humanisten wie Jakob Wimpfeling verkehrten, und sammelte erste Lehrerfahrungen durch die Betreuung der jungen Grafen von Löwenstein. 1512 schrieb er sich an der Universität Tübingen ein, wo er nach dem Studium der Astronomie, Musik, Arithmetik, Geometrie sowie der griechischen, hebräischen und lateinischen Sprache 1514 die Magisterprüfung ablegte. Neben seinen weiterführenden Studien insbesondere in der Theologie lehrte Melanchthon Rhetorik und Dialektik in der Realisten-Burse, einer studentischen Wohngemeinschaft unter der Leitung eines Magisters. Darüber hinaus erhielt er den zuvor von Heinrich Bebel wahrgenommenen Lehrauftrag für Eloquenz. Er arbeitete als Korrektor beim Drucker Thomas Anselm und pflegte gelehrte Freundschaften zu Tübinger Kollegen wie Johannes Ökolampad und Ambrosius Blarer. Auf Empfehlung Reuchlins wurde Melanchthon 1518 von Kurfürst Friedrich dem Weisen auf den Lehrstuhl für Griechisch nach Wittenberg berufen, wo er für die nächsten 42 Jahre Vorlesungen über griechische und lateinische Sprache und Literatur, Hebräisch, biblische Exegese, systematische Theologie, Rhetorik, Dialektik, philosophische Ethik und Historiographie hielt. Auch wenn Melanchthon seit dem Erwerb des *Baccalaureus Biblicus* 1519 auch in der theologischen Fakultät lehrte, blieb er entgegen Luthers Wunsch in der Artistenfakultät, um dort für die Theologie wesentliche philosophische und sprachliche Grundlagen zu vermitteln. Seit 1525 genoss Melanchthon zudem einen Sonderstatus mit dem Privileg, sich die Themen seiner Vorlesungen frei zu wählen.

Das einzig der Wissenschaft gewidmete Leben in einer Wohngemeinschaft mit Studenten bekam Melanchthons Gesundheit nicht, so dass er auf Zureden seiner Kollegen 1520 an einem Tag, den er als Tag der Trübsale beschreibt, die Bürgerstochter Katharina Krapp zur Frau nahm, mit der er vier Kinder bekam. In seinem eigenen Haus unterhielt er für junge Studenten und begabte Schüler eine Privatschule (*schola privata*), um sie auf die Universität vorzubereiten. Von Kurfürst Johann von Sachsen beauftragt führte Melanchthon 1527 Visitationen von Pfarreien und Schulen durch, um allgemeine Verhältnisse sowie Schul- und Kirchenordnungen zu überprüfen und zu verbessern. Dabei wurden auch Bildungsstand und theologische Einstellung der Verantwortlichen berücksichtigt. Aus dieser Tätigkeit ging die Schrift *Unterricht der Visitatoren* hervor, die nicht nur Aspekte der evangelischen Lehre und Kirchenorganisation, sondern auch den Aufbau und die Lehrinhalte von Schulen behandelt. Bei Schulgründungen und Erneuerungen wurde sein Rat sehr geschätzt, wie etwa in Nürnberg, Magdeburg, Eisleben und Lüneburg. Melanchthon bekleidete an der Universität mehrere Ämter (Rektorate, Dekanate), die er für Reformen der Studienordnung (Stärkung der *artes dicendi*, Einführung von Deklamationen, Anpassung des Studiengangs an individuelle Bedürfnisse der Studenten) und die Abfassung von Statuten der philosophischen und theologischen Fakultät nutzte.

Als Kirchenreformator war Melanchthon entweder an der Seite Luthers oder als sein Stellvertreter in zahlreiche theologische und politische Auseinandersetzungen verwickelt, bei denen er meist um Vermittlung und Ausgleich bemüht war. So begleitete er Luther 1519 zur Leipziger Dispu-

tation, war Verhandlungsführer der Protestanten auf dem Reichstag zu Speyer und beim Marburger Religionsgespräch (1529), nahm federführend am Augsburger Reichstag (1530), den Wormser und Regensburger Religionsgesprächen (1541) sowie am Wormser Kolloquium (1557) teil. Als Grundlage dieser Religionsgespräche dienten von Melanchthon abgefasste reformatorische Schriften wie die *Confessio Augustana*, die Wittenberger Konkordie oder die *Confessio Saxonica*. Nach Luthers Tod (1546) stand Melanchthon an der Spitze der protestantischen Bewegung, die durch innere Streitigkeiten belastet wurde. So musste er zuletzt heftige Auseinandersetzungen mit Andreas Osiander um die Rechtfertigungslehre und mit den Anhängern Luthers führen, die Melanchthon wegen seiner Kompromissbereitschaft anfeindeten. Sein wohl bester Freund war der Universalgelehrte Joachim Camerarius. Melanchthon starb am 19. April 1560 im Alter von 63 Jahren in Wittenberg.

Er hinterließ ein gewaltiges Werk, das sich hier nur in Grundzügen darstellen lässt. Sein pädagogisches Wirken schlägt sich etwa in Schulbüchern (Lateinische und Griechische Grammatik, *Elementa puerilia*), in Lehrbüchern zu Rhetorik (*De rhetorica libri tres*, *Elementorum rhetorices libri II*) und Logik (*Compendiaria dialectices ratio*) nieder. Daneben zeugen unzählige Editionen, Kommentare und Übersetzungen sowohl lateinischer (Plautus, Terenz, Cicero, Vergil, Ovid, Seneca usw.) als auch griechischer Autoren (Hesiod, Thukydides, Xenophon, Demosthenes, Plutarch usw.) von Melanchthons philologischer Bildung. Die *Loci theologici*, die er neben Kommentaren und Textausgaben zur Bibel verfasst hat, wurden und blieben als Zusammenfassung der reformatorischen Lehre für lange Zeit zum be-

stimmenden theologischen Lehrbuch. Darüber hinaus zeugt die Vielzahl von Werken zu kirchlicher Lehre und Praxis, Politik, Philosophie, Physik und Geschichte von der Vielfalt seiner wissenschaftlichen und gesellschaftlichen Interessen.

Melanchthons Bildungsprogramm[2]

Melanchthon nennt *humanitas, virtus* und *pietas* in unserer Rede (CR 11,122.127 – s. S. 8, Z. 21 und S. 30, Z. 20) sowie in der Nürnberger Rede *In laudem novae scholae* als zentrale Bildungswerte (CR 11,108). Diese Einheit aus wissenschaftlicher und sittlicher Bildung sowie Frömmigkeit (*eruditio et pietas*) hat Melanchthon bei all seinen Bemühungen zur Verbesserung der Lehre an Schule und Universität angestrebt. In seiner Wittenberger Antrittsrede *De corrigendis adulescentiae studiis,* die sich an Erasmus anlehnt, entfaltet Melanchthon ein Programm zur Vereinigung von humanistischer Bildung und Reformation. Als Fundament jeglicher Bildung sollen die traditionellen *artes liberales* gelten, die Melanchthon um Poesie und Geschichte erweitert. So bilden erst die sprachlichen Fächer des Triviums (Grammatik,

2 Vorab ist zu Melanchthons Bildungsprogramm festzuhalten, dass seine Konzepte nicht unbedingt originell waren. Das Ideal der Einheit von Bildung und Frömmigkeit zum Beispiel hatte schon Johannes Sturm auf die Formel *sapiens atque eloquens pietas* gebracht. Auch andere Ideen wie die Einteilung der Schülerschaft in Haufen wurden von Vorgängern oder humanistischen Mitstreitern vertreten. Melanchthon jedoch zeichnet sich durch die systematische Weiterentwicklung dieser Ideen und ihre wirksame Umsetzung in der Schulpolitik aus.

Dialektik und Rhetorik), dann die naturwissenschaftlichen Fächer des Quadriviums (Arithmetik, Geometrie, Musik und Astronomie) die Grundlage der erstrebten Allgemeinbildung, auf der das weiterführende Studium aufbauen soll. Neben der Kenntnis der lateinischen und der griechischen Sprache, die durch die Lektüre der klassischen Autoren vertieft werden soll, hält Melanchthon für Theologen auch das Hebräische für unabdingbar. Die Kenntnis der alten Sprachen soll die Menschen zu einer selbstbestimmten Lektüre der Heiligen Schrift befähigen und ihnen einen neuen Zugang zum Evangelium ermöglichen. Die Theologie ist für Melanchthon ohne die Kenntnis der Bibel im Original nicht denkbar (vgl. CR 11,23: *atque cum animos ad fontes contulerimus, Christum sapere incipiemus*). Ein weiteres Ziel dieser stark sprachlich orientierten Bildung, das Melanchthon in der Rede *Encomium eloquentiae* ausführt, ist die *eloquentia.* Durch die Lektüre (*lectio*) und Nachahmung (*imitatio*) der klassischen Autoren eigne man sich enormes sprachliches und sachliches Wissen an. Die *artes dicendi* hülfen darüber hinaus, die Sachverhalte zu durchschauen. Denn die Fähigkeit, seine Gedanken klar und sprachlich elegant auszudrücken, setze geistige Schärfe und Urteilsvermögen voraus. Dieses Vermögen komme letztlich auch der Theologie und anderen Wissenschaften zugute. Mit diesem Programm reagierte Melanchthon auf die an der Universität verbreitete Tendenz zur Vernachlässigung der allgemeinbildenden und sprachlichen Fächer zugunsten eines schnelleren Zugangs zum Studium der Theologie. Nach seinem Willen sollte das universitäre Studium der Theologie, des Rechts und der Medizin erst nach dem Besuch der Artistenfakultät aufgenommen werden.

Seine Bildungsgrundsätze realisierte Melanchthon durch Reformen an Universität und Schule. In seiner Zeit als Rektor führte er unter Reduzierung der traditionellen Disputationen Redeübungen (Deklamationen) ein, die zweimal im Monat im Wechsel erst von einem Professor der Rhetorik und Grammatik, dann von einem angeleiteten Studenten gehalten wurden. Melanchthon beteiligte sich darüber hinaus an der Gestaltung der Lehrpläne zahlreicher Lateinschulen (z. B. Nürnberg, Eisleben, Herzberg) und bestimmte so das methodische Vorgehen und die zu lesenden Autoren. Die Verbindung von Frömmigkeit und Bildung erzielte er etwa durch die Wahl des Katechismus als Anfangslektüre zum Einüben der kulturellen Fertigkeiten und der Grundelemente des Lateinischen sowie durch das Verfassen von Lehrbüchern der Grammatik, Rhetorik und Dialektik, die neben klassischen lateinischen Autoren auch religiöse Texte enthielten.

Ein wesentlicher didaktischer Grundsatz ist für Melanchthon die Anpassung des Lehrinhaltes an die individuellen Bedürfnisse des Lernenden. Zu diesem Zweck führte er die Zuweisung eines Studenten an eine Art Mentor ein, der ihm einen individuellen Studienplan erstellte und festlegte, wie der Student seine sprachlichen Fertigkeiten verbessern oder welche Vorlesungen er hören sollte. Auch die Einteilung des Schulbetriebs in drei Klassen, in welche die Schüler je nach Vorkenntnissen und Leistungsstand eingestuft wurden, trägt diesem Gedanken Rechnung. Darüber hinaus galt für Melanchthon der Grundsatz *multum, non multa*,[3] nach dem nur wenig Stoff gründlich durchgenom-

3 Vgl. Plinius, *Epistulae* 7,9,15: *aiunt enim multum legendum esse, non multa.*

men und häufig wiederholt werden sollte. Im *Unterricht der Visitatoren* warnt Melanchthon eindringlich vor der Beschwerung der jugendlichen Gemüter durch *Mannigfaltigkeit* und hält auch zur Förderung der Schwächeren durch häufige Wiederholung an. Die Lehrinhalte sollten nicht zu schwer, sondern der geistigen Kapazität des Schülers angemessen sein und durch sachgemäße Anordnung und Kürze überschaubar gemacht werden. Für den erfolgreichen Lateinunterricht legte Melanchthon vor allem Wert auf die eigene Sprachanwendung durch Stilübungen in Vers und Prosa. Die Auswahl der Lektüre der lateinischen Autoren, die für die Schüler *exempla* bieten, sollte sich an der sprachlichen Qualität der Texte und den moralpädagogischen Inhalten orientieren (vgl. CR 11,22: *ex optimis optima selige*). *Exempla* sind nach Ansicht Melanchthons wirksamer als abstrakte grammatische Regeln. Aus dieser Einsicht ergibt sich auch der Nutzen der Fabel im Lateinunterricht, auf die die Rede mehrfach anspielt.

Melanchthon appellierte an die Landesfürsten, für Schulen und Kirchen zu sorgen und so möglichst vielen Menschen einen Zugang zu Bildung und Religion zu ermöglichen. Durch die Ausbildung fachlich und sittlich geeigneter Führungskräfte könne ein geordnetes staatliches System gewährleistet werden. Er selbst war an der Gründung zahlreicher Schulen beteiligt. Noch zu Lebzeiten wurde Melanchthon aufgrund seines großen Engagements der Titel *praeceptor Germaniae*, Lehrer Deutschlands, verliehen.

Schule zur Zeit Melanchthons

Die vorliegende Rede gibt Einblick in den Alltag an einer Lateinschule (auch Trivial-, Partikularschule), in der sich der Unterricht vornehmlich auf die Fächer des Triviums (Grammatik, Dialektik, Rhetorik) beschränkte. Im Gegensatz zu den deutschen Schreib- und Rechenschulen wurde hier vor allem lateinische Grammatik gelehrt. In säkularisierten Klöstern entwickelte sich darüber hinaus, auch unter Melanchthons Einfluss, die von Wimpfeling entwickelte höhere Gelehrtenschule (*gymnasium illustre*), die man erst besuchen konnte, wenn man die lateinische Grammatik beherrschte. Dort wurden auch Fächer der Artistenfakultät unterrichtet, die über das Trivium hinausgingen, damit die Schüler besser auf das Studium vorbereitet wurden. Die Lateinschulen glichen sich zunehmend diesem Typus an und legten auch Grundlagen für den Besuch der Artistenfakultät.

In *De miseriis paedagogorum* werden zwei Eckpfeiler des Unterrichts herausgestellt, die Unterweisung in der lateinischen Sprache und das Bemühen um die charakterliche Bildung der Schüler zur Frömmigkeit. Der Lehrer schildert seine Unterrichtsmethoden: Er diktiert Texte und legt sie aus (CR 11,123 – s. S. 14, Z. 3 und 11; S. 12, Z. 24: *dictare*; *enarrare*), woraufhin die Schüler das Gelernte entweder gleich darauf oder am Folgetag wiedergeben sollen (CR 11,122 – s. S. 10, Z. 11: *reddere*; 123.126 – s. S. 14, Z. 3 und S. 26, Z. 11: *repetere*). Die Unterrichtssprache ist Latein. Das freie Lateinsprechen macht den Schülern ebenso große Mühe wie die schriftliche Stilübung (CR 11,124 – s. S. 20, Z. 1: *stilus*), die als effizienteste Übung hervorgehoben wird. Außerdem ist

von schriftlichen Hausarbeiten (CR 11,126 – s. S. 26, Z. 10: *scripta*) die Rede. Der Sprecher beklagt, er müsse den Schülern immer wieder dasselbe ›einhämmern‹ (CR 11,122 – s. S. 10, Z. 9: *inculcare*) und ›vorsingen‹ (CR 11,122 – s. S. 10, Z. 11: *decantare*; 123 – s. S. 14, Z. 13 f.: *pristina cantilena*), bis sie sich irgendetwas merken. Der Lehrplan enthält also vor allem Latein und elementare religiöse Unterweisung, vermutlich in den Zehn Geboten, Vaterunser und Glaubensbekenntnis (CR 11,127 – s. S. 30, Z. 20: *prima pietatis gymnasmata*).

In der Tat dominierten im 16. Jahrhundert als Unterrichtsformen die *lectio* und die *repetitio*. Bei der *lectio* wurden den Schülern Texte diktiert, durch den Lehrer erläutert und gegliedert. Auch das reine Diktat zur Textvermittlung nahm breiten Raum ein. Die Schüler mussten den Stoff meist auswendig lernen, was in einer Abfrageübung (*repetitio*) überprüft wurde. Der Lehrer trug die Lerninhalte häufig so lange vor, bis die Schüler sie tatsächlich beherrschten. Lateinische Texte wurden in die Muttersprache übertragen, deutsche Texte wiederum ins Lateinische übersetzt oder es wurden freie lateinische Texte verfasst. Zu derartigen Stilübungen dienten auch die schriftlichen Hausarbeiten. Ihre Muttersprache durften die Schüler nicht gebrauchen.

Ideal und Wirklichkeit klafften freilich oft auseinander. Bei seinen Visitationsreisen bot sich Melanchthon das Bild einer desolaten Schullandschaft. Die Lehrer waren häufig unzureichend ausgebildet, unterbezahlt und wenig angesehen. Es gab keine einheitlichen Lehrpläne, und das allgemeine Bildungsniveau war niedrig. Darüber hinaus beklagt Melanchthon in einem Visitationsbericht den sittlichen

Verfall, mangelhafte theologische Kenntnisse sowohl der Lehrer als auch der Schüler sowie missliche finanzielle und organisatorische Bedingungen.

Im *Unterricht der Visitatoren* entwarf Melanchthon 1528 daher einen Lehrplan für Lateinschulen, der in Sachsen Verbindlichkeit hatte und auch weit über das Kurfürstentum hinaus Wirkung zeigte. Er sah eine Einteilung der Schüler je nach Leistungsstand in drei Klassen (Haufen) vor. Neben Lesen und Schreiben wurden in der ersten Klasse die Grundlagen des Lateinischen mithilfe des Katechismus, der *Dicta Catonis* und der Grammatik des Donat gelehrt. Melanchthon empfahl für die Elementarstufe auch das von ihm verfasste Enchiridion (*Elementa puerilia*). In der nächsten Klasse nahm man die Fabeln des lateinischen Aesop sowie die unanstößigen Partien der Komödien des Terenz und Plautus durch, die teilweise zur Vertiefung der lateinischen Grammatik auch auswendig gelernt werden sollten. Am Morgen wurde das am Nachmittag zuvor erläuterte Stück des lateinischen Autors unter Berücksichtigung von Deklinationen, Syntax und Prosodie wiederholt. Der Abend war für leichtere Lektüre wie die *Paedologia* des Petrus Mosellanus oder die *Colloquia familiaria* des Erasmus vorgesehen. Nach der Schule bekamen die Schüler eine Sentenz zum Auswendiglernen mit auf den Weg. Wer den Stoff der zweiten Klasse beherrschte, durfte in der dritten Klasse mit der Lektüre der Autoren Vergil, Ovid und Cicero fortfahren und sich in der schriftlichen Komposition von Poesie und Prosa üben. Darüber hinaus wurden Grundkenntnisse in Dialektik und Rhetorik vermittelt. Auch Musikunterricht war Bestandteil des Lehrplans, und ein ganzer

Tag in der Woche (Mittwoch oder Samstag) diente der religiösen Unterweisung. Dieses Programm ist als Mindestanforderung für Lateinschulen zu verstehen. In den Lehrplänen Eislebens (1525) und Nürnbergs (1526) etwa wurde das Curriculum um Mathematik, Griechisch sowie Hebräisch erweitert.

Neben der Vereinheitlichung der Curricula sorgte Melanchthon infolge seiner Visitationsreisen im Auftrag des Landesfürsten für eine bessere Ausstattung mit Personal und finanziellen Mitteln und half bei der Gründung zahlreicher Bildungsinstitutionen.

Anlass der Rede *De miseriis paedagogorum* und Person des Vortragenden

Die Rede *De miseriis paedagogorum* wurde 1533 zum ersten Mal in den *Orationes aliquot lectu dignissimae a Philippo Mel. atque alijs doctissimis quibusdam in publica Vuittenbergensium schola pronunciatae* veröffentlicht. In den meisten Sammlungen erscheint sie unter der Rubrik *Declamationes*. Im Corpus Melanchthons fallen darunter neben akademischen Gelegenheitsreden zu besonderen Anlässen (Eröffnung einer Vorlesung, akademische Promotionen, Todesfälle, Festivitäten) auch rhetorische Übungsreden.[4] Während die Autorschaft Melanchthons in der Forschung nicht ernsthaft angezweifelt wird, bleiben der Anlass der Rede und die Frage, ob sie von ihm selbst vorgetragen wurde, im Dunkeln. Hier lassen sich die folgenden Möglichkeiten erwägen:

4 Vgl. Hartfelder 1891, S. VIII f.

1) Melanchthon könnte die Rede selbst zu einem konkreten Anlass, zum Beispiel einer Schulveranstaltung, gehalten haben wie etwa 1526 die Rede *In laudem novae scholae* zur Eröffnung der Oberen Schule in Nürnberg. Dabei ergibt sich jedoch das Problem, dass die Rede auf einen Trivialschullehrer zugeschnitten ist, der über seinen alltäglichen Kampf gegen die Disziplinlosigkeit der Schüler und den Verfall der Gottesfurcht klagt. Obwohl Melanchthon als Heidelberger Student, Magister in Tübingen und in seiner häuslichen *schola privata* Elementarunterricht für junge Studenten erteilte und auf seinen Visitationsreisen Einblick in den Schulbetrieb bekam, war er zeit seines Lebens nie Lehrer an einer Trivialschule und kann daher nicht über eigene Erfahrungen berichten. Außerdem ist schwer vorstellbar, dass er sich selbst so negativ als ärmlichen, unzufriedenen, jammernden Schulmeister darstellen würde.

2) Melanchthon hat die Rede für einen Trivialschullehrer[5] oder eine beliebige andere Person[6] für einen bestimmten Anlass angefertigt. Es war nicht unüblich, dass Melanchthon Gelegenheitsreden für Schüler, Kollegen oder Freunde geschrieben hat. Die Rede *De laude vitae scholasticae* zum Beispiel verfasste er für Melchior Fendius, der sie

5 Vgl. Bretschneider 1843 (CR 11,121) und Nürnberger 1969, S. 70.

6 Vgl. Stempel 1979, S. 135. Hartfelder (1891, S. XXVIII) hält sie für eine akademische Gelegenheitsrede, die Melanchthon für einen Baccalaureanden oder Magistranden angefertigt hat, da er unmöglich selbst auf seine Magerkeit und äußere Erscheinung hinweisen könne. Dies steht jedoch im Widerspruch zu Hartfelders Annahme, der Vortragende habe bittere Erfahrungen als Knabenlehrer gemacht.

anlässlich einer Magisterpromotion hielt. Doch welcher Anlass kommt bei unserer Rede in Frage? Eine Ratsversammlung, bei der ein Lehrer um Verständnis für seine schwierige Aufgabe wirbt, um mehr Lohn zu erhalten? Dort waren aber die gegen Ende der Rede adressierten Schüler gewiss nicht zugegen. Eine Schulveranstaltung, bei der neben Personen der Öffentlichkeit und Kollegen auch Schüler anwesend sind, deren Sittenverfall der Redner so sehr beklagt? Es lässt sich kaum ein Publikum vorstellen, bei dem sich niemand vor den Kopf gestoßen fühlen würde. Der stets um Ausgleich bemühte Melanchthon hätte dies sicher vermieden. Auch der Wechsel des Adressaten von einer außenstehenden Zuhörergruppe, von der sich der Redner Verständnis erhofft, hin zu Schülern, die zu einer Besserung ihres Verhaltens bewegt werden sollen, macht ein tatsächliches Ereignis, zu dem die Rede gehalten worden sein soll, unglaubhaft. Wie oben stellt sich außerdem die Frage, welcher Lehrer sich so ungünstig abbilden lassen würde. Auch diese Möglichkeit erscheint daher unwahrscheinlich.

3) Die Rede ist eine rhetorische Übungsrede mit fiktivem Anlass und fiktivem Sprecher. Melanchthon hatte 1523 das Abhalten von Deklamationen im zweiwöchigen Rhythmus zur rhetorischen Übung der Studenten an der Universität Wittenberg eingeführt. Nach dem Vorbild Senecas und Quintilians kann eine Deklamation eine deliberative Rede aus der Sicht von oder an eine fiktive Person des realen Lebens, des Mythos oder der Geschichte (*suasoria*) sein oder eine Doppelrede, bei der die Pro- und Con-tra-Seite eines Falls vertreten werden (*controversia*). Wahrscheinlich war *De miseriis paedagogorum* eine solche

Übungsrede vor Universitätspublikum, mit der Melanchthon die Kunst der Ethopoiie, also eine an eine Person, in diesem Fall den Trivialschullehrer, angepasste und sie charakterisierende Redeweise, illustriert. Dafür spricht auch, dass Erasmus' *Laus Stultitiae*[7] das Vorbild der Rede ist.

7 Wachinger (1997, S. 55 f.) weist Erasmus' *Laus Stultitiae* als literarisches Vorbild von *De miseriis paedagogorum* nach, indem er insbesondere im Abschnitt über den Lehrer (LB 457,242–458,287; zitiert nach der Amsterdamer Ausgabe der *Opera omnia* Band 4,3 von 1979, herausgegeben von Miller) einige wörtliche Anlehnungen und parallele Motive wie Hunger und Mühen (*labor*) der Lehrer sowie den Reden gemeinsame Vergleiche der Schule mit Stampfmühle (*pistrinum*) und Folterkammer (*carnificina*) aufzeigt und auf die Wiederkehr des Sisyphusmythos hinweist (bei Erasmus jedoch in Bezug auf Juristen; vgl. LB 461,349). Daneben gibt es weitere Gemeinsamkeiten, die Erasmus' *declamatio* als Vorlage nahelegen. So enthält Erasmus' Abschnitt über den Grammatiklehrer das bei Melanchthon zentrale Motiv der *miseria paedagogorum* in ihren verschiedenen Spielarten (*nihil calamitosius, nihil afflictius*, gleich dreimal *miserrimus*). Erasmus gebraucht sogar den Begriff der *tragoedia*. Er steht metaphorisch für das viele Aufhebens, das der Lehrer macht, wenn ihm ein Kollege bei seinen wissenschaftlichen Bemühungen den Rang abläuft. Bei Erasmus steht der Begriff Tragödie also für übertriebenes Theater, was die Frage aufwirft, ob die Klage des Trivialschullehrers bei Melanchthon ähnlich zu bewerten ist. Neben diesen Motiven, die in Melanchthons Rede wiederkehren, ist bei Erasmus auch der Gedanke des physischen und psychischen Verschleißes des Lehrers zu finden sowie ein Hinweis auf die Prügelstrafe, bei der der Lehrer ein sadistisches Glücksgefühl empfindet. Melanchthon hingegen schildert, wie die Lehrer selbst unter dieser notwendigen Disziplinierungsmaßnahme leiden. Die von Stultitia verhöhnte Unfähigkeit der Lehrer, ihr Elend zu erkennen, schlägt bei Melanchthon in das bittere Bewusstsein

Denn die satirische Rede aus der Sicht der Dame Stultitia ist als Meisterwerk der Deklamation im engeren Sinne in die Literaturgeschichte eingegangen. Wie auch Erasmus' Rede zeigt, waren beliebte Formen der Deklamation im Humanismus *laus* und *vituperatio*.[8] Die Rede *De miseriis paedagogorum*, in der Melanchthon Disziplinlosigkeit, Trägheit und mangelnde Frömmigkeit der Schüler beklagt, könnte ein Beispiel für die *vituperatio* sein. Da der Sprecher in Melanchthons Rede eine Rolle annimmt, was im

ihres Unglücks um. Der Trivialschullehrer Melanchthons hat wohl aus der Ansprache Stultitias gelernt. Wie unser Redner verwendet Stultitia unzählige griechische und lateinische Zitate, so dass sie ironisch bemerkt: *Sed desino* παροιμιάζεσθαι, *ne videar Erasmi mei commentaria suppilasse* (LB 487,866 f.). Unser Redner hat Erasmus' *Adagia* sehr wohl geplündert. Die Gleichnisse vom tanzenden Kamel und dem Esel mit der Lyra (LB 424,515–518 bei Erasmus) begegnen in beiden Reden ebenso wie spezielle Zitate, die jeweils dem Kontext der Rede angepasst werden: Vgl. Erasmus' *non mihi si linguae centum sint oraque centum / ferrea vox, omnis fatuorum evolvere formas, / omnia stulticiae percurrere nomina possim* (LB 446,11–13) und Melanchthons *non mihi si centum linguae sint oraque centum, / [...] / omnia curarum percurrere nomina possim* (CR 11,128 – s. S. 34, Z. 12 f.) mit Vergils *Aeneis* 6,625–627 oder das griechische Sprichwort μισῶ μνάμονα συμπότην mit Erasmus' μισῶ μνάμονα ἀκροατήν (LB 504,275) und Melanchthons μισῶ μνάμονα μαθητήν (CR 11,123 – s. S. 14, Z. 11). Trotz dieser Parallelen unterscheiden sich die *declamationes* in der Wahl des Sprechers. Melanchthon erteilt keiner Allegorie das Wort, sondern einer fiktiven Person des öffentlichen Lebens, mit der die Dame Stultitia zuvor in Erasmus' Rede schonungslos abgerechnet hatte. Der Grammatiklehrer bekommt also bei Melanchthon die Gelegenheit, seinen Beruf wieder ins ›rechte‹ Licht zu rücken.

8 Vgl. IJsewijn / Sacré ^{2}1998, S. 167 f.

übrigen auch die Theatermetaphorik (CR 11,121 – s. S. 6, Z. 15: *meam fabulam agens*) impliziert, ist es möglich, dass Melanchthon die Rede selbst vortrug, ohne dass ein Widerspruch zu seiner persönlichen Biographie ins Gewicht fiele. Denn trotz aller Unterschiede weist der Sprecher der Rede Züge von Melanchthon selbst auf. So lassen etwa der Hinweis auf die Magerkeit des Redners, seine Kenntnisse im Griechischen, die Betonung des Wertes von Bildung und schließlich die implizite Forderung nach einer Einheit von Bildung und Frömmigkeit an Melanchthon denken.

Literarische Ausgestaltung

Melanchthon macht den Lehrer, der in *De miseriis paedagogorum* über sein Los klagt, zum Akteur eines Theaterstückes (vgl. CR 11,121 – s. S. 6, Z. 15: *meam fabulam agens*) und strukturiert die Rede nach Begriffen aus der Tragödientheorie des Donat.[9] Auf den Prolog (vgl. CR 11,121–123 – s. S. 6, Z. 1 – S. 16, Z. 5: *nostrae tragoediae praeludia*), in dem nach einem *exordium* mit *captatio benevolentiae* (CR 11,121 f. –

9 Dies sind insbesondere die Begriffe *prologus, epitasis* sowie *catastrophe.* Die *protasis* (Exposition zum Spannungsaufbau) wird nicht genannt, dafür kommt der Begriff *extremus actus* hinzu. Wachinger (1997, S. 54; 57), der auch auf die Theatermetaphorik hinweist, versucht die Rede etwas forciert nach dem antiken Redeschema zu strukturieren. Zunächst gibt es keine *narratio.* Auch ergibt sich aus der Strukur der Rede keine klare *divisio,* bei welcher der Streitpunkt deutlich und prägnant umrissen würde. Die *argumentatio* ist keine Beweisführung im eigentlichen Sinne, sondern lediglich eine konkretere Ausführung des Themas mit neuen Aspekten.

s. S. 6, Z. 1 – S. 10, Z. 1) die Disziplinlosigkeit der Schüler ausgemalt wird, folgt der mittlere Teil des Dramas, die Spannung steigernde Epitasis (vgl. CR 11,123–128 – s. S. 16, Z. 5 – S. 34, Z. 13: *epitasis multo aerumnosior*), in der die einzelnen Übel des Lehrberufs (mangelndes Lateinsprechen im Unterricht, die beständige Notwendigkeit von Stilübungen, die Last der Korrekturen, eine schwierige Schülergeneration, die gewaltige Aufgabe der Erziehung) vorgeführt werden. Als Katastrophe (vgl. CR 11,128 f. – s. S. 34, Z. 14 – S. 40, Z. 9: *tragica catastrophe*) schildert der Redner die Undankbarkeit und geringe Bezahlung, die der Lehrer als Lohn für die ungeheuren Mühen zurückerhält. Im letzten Akt (vgl. CR 11,129 f. – s. S. 40, Z. 10 – S. 44, Z. 3: *extremus actus*) schließlich appelliert er an die Einsicht der Schüler und versucht, sie zur Umkehr zu bewegen. Mit dieser Stilisierung als Tragödie harmoniert das Leitmotiv der Rede, die Klage des Lehrers über sein Unglück, die dem Erregungszustand des Jammers (ἔλεος) entspricht, welcher nach der aristotelischen Tragödientheorie zur Reinigung von diesem Affekt führen soll (*Poetik* 6). Ein weiteres Motiv in diesem Rahmen ist die Bewegung im Kreis als Ausdruck der Vergeblichkeit wie beim Vergleich des Lehrers mit dem in der Mühle schuftenden Esel, mit Sisyphus, der seinen Stein stets von neuem den Berg hinaufwälzt, oder der Ähnlichkeit der Lehrtätigkeit mit der zu den Jahreszeiten wieder neu anfallenden Arbeit des Bauern. Weitere markante Vergleiche lassen das Schicksal des Lehrers tragisch erscheinen: Pädagogen seien unglücklicher als Menschen im Zuchthaus, der Lehrer sei wie ein Feldherr auf verlorenem Posten, die Schule ein Kriegsschauplatz. Ein Zitat aus Vergils *Aeneis* assoziiert das Leiden der Lehrer mit dem Untergang Trojas.

Bei aller Pathetik der Darstellung fehlen jedoch die komischen Elemente nicht. Die Vorstellung des Lehrers in Gestalt eines Esels, der in einer Mühle seine Bahnen dreht, wirkt ebenso komisch wie die Vergleiche von Schülern mit Tieren: Es sei leichter, einem Kamel das Tanzen und einem Esel das Lyraspiel beizubringen, als den Knaben von heute die lateinische Grammatik. Zu dieser spöttisch humorvollen Seite der Rede passen auch die zahlreichen Zitate aus Satire (Horaz, Persius, Juvenal) und Komödie (Terenz) sowie typische Wörter aus der Komödie wie etwa CR 11,121 – s. S. 6, Z. 5: *pistrinum*, 123 – s. S. 16, Z. 9: *converrere*, 124 – s. S. 18, Z. 5: *portentum*, 127 – s. S. 32, Z. 2: *ganeum* und 128 – s. S. 34, Z. 8: *verberare* und starke Übertreibungen, die sich nicht allein auf die Verwendung von Superlativen beschränken: Dasselbe müsse den Schülern sechshundertmal eingetrichtert werden, bis an den Holzköpfen das eine oder andere hängenbleibe. In ihrer Armut müssten die Lehrer frieren und von trockenem Brot leben. Sarkastisch wirkt die Bezeichnung der Schüler als stumme Hohlköpfe oder Epileptiker. Bisweilen tritt auch Ironie hervor: Schüler, die schwieriger zu führen seien als Löwe und Bär, seien von ihren Eltern mit größter Sorgfalt zu gutem Benehmen erzogen worden.

Die Rede enthält weitere Gegensätze. Trotz ihrer Stilisierung zur erhabenen Gattung der Tragödie verpflichtet sich Melanchthon in seiner *captatio benevolentiae* dem *genus humile* (CR 11,121 – s. S. 8, Z. 10–15: *nec me sinebant haec mala diligentius elaboratam orationem huc afferre.* […] *sine ordine incondita pleraque effudi,* […] *neque enim vacabat animo sic occupato verborum habere accurationem delectum*). Diesem schlichten Stilniveau, bei dem die Sache

scheinbar ohne rhetorischen Aufwand für sich sprechen soll, wird der bescheidene Redner jedoch nicht völlig gerecht. Obwohl sein Vokabular bisweilen einfach wirkt und teilweise niederen Gattungen wie Komödie oder Fabel entstammt, wird die erforderliche Reinheit (*puritas*) und Deutlichkeit der Sprache (*perspicuitas*) durch vielfältige Synonyme, rhetorische Stilmittel wie etwa Hendiadyoin, Anapher, Metapher, Paronomasie und Polyptoton sowie stark wertendes Vokabular (CR 11,122 – s. S. 10, Z. 7 und 9: *monstrum, inculcare*) unterlaufen. Ebenso kann die Syntax bisweilen übersichtlich und schlicht sein, bisweilen jedoch durch rhetorische Fragen und hypotaktische Perioden an Komplexität gewinnen. Bei der Frage nach der Funktion dieses später nicht eingelösten Bekenntnisses zu einem schlichten Stil sollte man den Blick auf die Person des Vortragenden richten, auf den die Rede zugeschnitten ist (Ethopoiie). Als Lehrer verschreibt der Sprecher sich einem *genus*, das die Funktion der reinen Vermittlung von Sachverhalten (*docere*) hat. Gleichwohl lässt der Autor durch die versteckte Ausschmückung der Rede mit Stilmitteln seine Kunstfertigkeit durchblicken. In diesem Kontext ist auch die Verwendung von Zitaten, Redewendungen und literarischen Anspielungen von Interesse. Die Rede ist geradezu gespickt mit Zitaten aus Erasmus' *Adagia*, einer Sammlung antiker Loci, die in der Schule ihren festen Platz hatte,[10] sowie mit Zitaten der verbreiteten Schulautoren Ovid, Terenz, Vergil und Cicero. Auch den Tiervergleichen liegen Fabeln des Aesop oder Phaedrus zugrunde, die zur Schullektüre gehören. Diese fast aufdringliche Verwen-

10 Vgl. IJsewijn/Sacré [2]1998, S. 301.

dung von Zitaten bildet dabei die schulmeisterliche Gelehrsamkeit des Sprechers ab. Hinzu kommt die häufige Wiederholung von belehrenden Wendungen wie *primum ... deinde* und *videte, quaeso*, »die den geschädigten Pädagogen verraten«.[11] Neben den genannten schultypischen Zitaten werden jedoch auch speziellere Textstellen angeführt wie etwa aus Celsus' *De medicina* zur Beschreibung eines epileptischen Anfalls, die vermutlich für den Hörer nicht ohne weiteres erkenntlich sind und das Spezialwissen des Autors erahnen lassen. Die Person Melanchthons scheint außerdem an weiteren Stellen durch: Die zahlreichen Gräzismen (CR 11,124 – s. S. 18, Z. 1: *soloecum*; 124 – s. S. 20, Z. 5: *epistolion*; 127 – s. S. 30, Z. 20: *gymnasmata*; 128 – s. S. 34, Z. 6: ἀπαθής; 129 – s. S. 38, Z. 17: *colaphus*) sowie Zitate aus der griechischen Literatur (Thukydides, Platon) bezeugen einerseits den Bildungsstand des Redners, andererseits illustrieren sie Melanchthons Bildungsprogramm, das für die griechische Sprache einen Platz in der Schule vorsieht. Auch die von Melanchthon propagierte Einheit von wissenschaftlicher Bildung und Frömmigkeit schlägt sich nicht nur inhaltlich, sondern auch sprachlich in den Bibelzitaten am Ende der Rede nieder.

De miseriis paedagogorum – Eine tragische oder eine komische Rede?

Die Frage, wie ernst die Rede zu verstehen ist, ist in der Forschung umstritten. So hält etwa Hartfelder die Schilderungen Melanchthons, der »Leid und Freud« des Lehrerbe-

11 Wachinger 1997, S. 55.

rufes kennt, aus dessen Munde für »keine leeren Phrasen«. Er bezeichnet den Vortrag auch als »düsteres Gemälde mit viel Schatten und wenig Licht«.[12] Eisinger erkennt darin die Eindrücke »eines geplagten Praktikers«, der »seinem Kummer über das schwere Geschäft der Pädagogik einmal Luft gemacht« hat.[13] Für Hess dagegen ist die Rede eine »grotesk überzeichnende *declamatio* mit der satirisch inszenierten Kritik an Sprachunterricht und Schulbetrieb«[14], und Wachinger nennt sie »eine witzige, aber auch doppelbödige Rede«, eine »Tragicomoedia«.[15]

Im Widerspruch zu dem beißenden Spott über die Faulheit, Einfalt und Gottlosigkeit der Schüler und der Klage über die Widrigkeiten des Lehrerdaseins stehen einerseits der Ruf Melanchthons als beliebter und erfolgreicher Pädagoge, andererseits seine überschwänglichen Äußerungen über das Schulleben in anderen Reden.[16] Denn in der Rede *In laudem novae scholae* (1526) bezeichnet Melanchthon die Gründung der »Oberen Schule« in Nürnberg als Zeichen göttlicher Weisheit, da antike Literatur und Wissenschaften zu Sittlichkeit, Menschlichkeit und Frömmigkeit anleiteten (vgl. CR 11,106–111). Ebenso preist der Wittenberger Professor in der *Laus vitae scholasticae* (1536) das schulische Leben als glückseligen Zustand des Goldenen Zeitalters und göttlichen Ort der Wahrheit und Gerechtigkeit (vgl. CR 11,298–306). Unabhängig von der in einem vo-

12 Hartfelder 1889, S. 410–413.

13 Walther Eisinger, *Melanchthon als Erzieher*, Bretten 1985, S. 9 f.

14 Günter Hess, *Deutsch-Lateinische Narrenzunft*, München 1971, S. 184.

15 Wachinger 1997, S. 56 f.

16 Vgl. Nürnberger 1969, S. 70.

rausgehenden Kapitel diskutierten Frage, ob Melanchthon die Rede für jemand anderen geschrieben hat, müssen diese gegensätzlichen Äußerungen jedoch nicht zwingend einen Widerspruch bedeuten, da das Lob sich vornehmlich auf höhere Bildungsinstitutionen wie Gelehrtenschule und Universität bezieht.[17] Es wäre daher denkbar, dass in *De miseriis paedagogorum* allein die Trivialschule angeprangert wird.

Gleichwohl regt die humorvolle Seite der Rede zum Nachdenken über die Ernsthaftigkeit der Klage an. Dazu tragen nicht nur die stark überzeichneten Bilder vom Lehrer als Esel in einer Stampfmühle oder den Schülern als Monster, tanzende Kamele, stumme Hohlköpfe und Epileptiker[18] sowie maßlose Übertreibungen wie zum Beispiel die Assoziation des schulischen Elends mit dem Untergang Trojas bei, sondern auch Zitate und Wortwendungen aus Satire und Komödie. Wachinger beschreibt die Situationskomik des Vortrags: »Nehmen wir einmal an, Melanchthon habe selbst diese Rede gehalten: Man kann sich gut das Gaudium der Studenten vorstellen, wenn er von sich behauptete, er leide unter einer *inopia ingenii* und seine Rede sei nicht klar gegliedert. Und wenn er später auch noch auf seine Magerkeit und seine nicht gerade exquisite Kleidung hinwies, dürfte dies das Gaudium noch gesteigert haben.«[19] Auch die Theatermetaphorik, die nicht nur den klagenden Lehrer (vgl. CR 11,121 – s. S. 6, Z. 15: *fabulam agere*), sondern auch die Schüler (CR 11,123 – s. S. 16, Z. 14 f.: *spectaculum*

17 Vgl. Wachinger 1997, S. 52.

18 Für weitere Bilder vgl. Wachinger 1997, S. 53.

19 Wachinger 1997, S. 55.

committere) zu Schauspielern erklärt, könnte den spielerischen Charakter der Rede unterstreichen. Für eine satirisch-komische Deutung spricht zudem, dass, wie in einem vorausgehenden Kapitel dargelegt, *De miseriis paedagogorum* als eine rhetorische Übungsrede (*declamatio*) angesehen werden kann, die mit einer berühmten satirischen Vorlage spielt: Erasmus' *Laus Stultitiae.* Aus Sicht Stultitias wird der Lehrer (*grammaticus*) als das unglücklichste aller Lebewesen verhöhnt, dessen Jämmerlichkeit und Elend durch die Torheit gemildert wird. Denn in der schulischen Tretmühle inmitten von Kindergeschrei und Unrat erkenne er seine missliche Lage nicht, sondern halte sich vielmehr für glücklich, einflussreich und weise. Unser Grammatiklehrer dagegen zeigt ein ausgeprägtes Bewusstsein für sein Elend, ja er übertreibt es sogar mit Jammer und Klage über sein Los. Er greift also die Kritik der Dame Stultitia auf und entzieht sich dem Vorwurf der Dummheit, indem er ihn an Schüler und Eltern weitergibt. So antwortet er auf die *laus (grammaticorum) stultitiae* mit einer *vituperatio discipulorum stultitiae.* Aber nun zurück zur Frage nach der Ernsthaftigkeit der Klage: Gegen Ende der Rede nimmt der Sprecher einen möglichen Einwand seiner Zuhörer vorweg: CR 11,128 – s. S. 34, Z. 16 f.: *superiora omnia ludum et iocum dices fuisse.* Sollte also alles bloß Spiel und Scherz gewesen sein? Und wenn die Rede eine Satire ist – an wem soll Kritik geübt werden? An den Schülern, den Eltern oder gar dem Lehrer? An der Reformbedürftigkeit des Bildungswesens? Lässt sich unter all den Übertreibungen ein wahrer Kern ausmachen?

Um diese Fragen zu beantworten, lohnt es sich zu überprüfen, welche Werte und pädagogischen Grundsätze Me-

lanchthons sich in dem in der Rede gezeichneten Bild von Schule wiederfinden lassen.

Im Vergleich mit den oben genannten Reden Melanchthons kristallisiert sich zunächst dieselbe Wertschätzung der antiken Literatur und Wissenschaft heraus: Ihre Lektüre sollte den Schülern Sittlichkeit (*virtus*), Menschlichkeit (*humanitas*) und Frömmigkeit (*pietas*) näherbringen[20] und sie zur Leitung eines Staates befähigen, so dass die Schulen zum notwendigen Bestandteil eines funktionierenden Staats- und Gemeinwesens wurden.[21] Diese in der Schule zu vermittelnden Tugenden verkörpert zudem die von Melanchthon geforderte Einheit von Bildung und Frömmigkeit (*eruditio et pietas*). Denn neben der lateinischen Grammatik lernen die Schüler in *De miseriis paedagogorum* auch die Grundlagen der Religion (*prima pietatis gymnasmata*) kennen. Der Sprecher beklagt sich darüber, dass die Eltern die religiöse Bildung ihrer Kinder vernachlässigen. Die Sorge darüber und das Ziel, den Protestantismus in Deutschland zu stärken, hat gewiss auch Anstoß zu den Visitationsreisen und der daraus resultierenden Umstrukturierung des Schulsystems gegeben. In seinen Wertvorstellungen scheint der Elementarschullehrer sich folglich kaum von Melanchthon zu unterscheiden.

Wenden wir uns nun den Schülern zu. Welche negative Eigenschaft wird ihnen hier nicht nachgesagt? Sie seien moralisch verkommen, disziplinlos, nicht gottesfürchtig, respektlos gegenüber Lehrer, Schule und Wissenschaft,

20 Vgl. CR 11,108 (*In laudem novae scholae*) mit CR 11,122.127 – s. S. 8, Z. 21 und S. 30, Z. 15.

21 Vgl. CR 11,111 (*In laudem novae scholae*) und CR 11,300 (*De laude vitae scholasticae*) mit CR 11,130 – s. S. 40, Z. 17.

lernunwillig und unkonzentriert. Entsprechend schwach fielen ihre Leistungen im Lateinsprechen und in den Stilübungen aus. Die Stärkung der *eloquentia* durch die Einführung von Deklamationen war auch das Ziel von Melanchthons Universitätsreform, jedoch sind diese Schüler noch weit davon entfernt, eine Rede zu halten, scheitern sie doch schon bei Lektüre, Sprechen und Schreiben.

Doch welche didaktisch-methodischen Maßnahmen ergreift der Lehrer? Zunächst erkennt auch der Sprecher die Notwendigkeit der intensiven Behandlung weniger Autoren, um die Schüler nicht durch eine allzu große Auswahl zu verwirren (Melanchthons Grundsatz *multum, non multa*). Die Sprache der Rede und die Auswahl der Zitate beweisen, dass der Lehrer im Lateinischen und Griechischen sehr gebildet ist. Bei der Anpassung des Lerninhalts an die individuellen Bedürfnisse der Lernenden scheint er jedoch keinen allzu großen Wert auf die Angemessenheit des Stoffes für ihre geistigen Fähigkeiten und Voraussetzungen zu legen, sondern ihnen möglicherweise etwas zu viel abzuverlangen. Vielleicht hat der Lehrer also durchaus einen kleinen Anteil an der Unkonzentriertheit und mangelnden Lernbereitschaft seiner Schüler.[22] Vielmehr reagiert er mit Unverständnis und Ungeduld auf die Defizite seiner Schützlinge. Die von Melanchthon für unablässig gehaltenen Wiederholungen des Stoffes empfindet er als lästig und eintönig. Der Sprecher beklagt neben der Disziplinlosigkeit der Schüler auch mangelnde Entlohnung und geringe gesellschaftliche Anerkennung. Tatsächlich war der sozi-

22 Vgl. Hartfelder 1889, S. 411: »Ein Teil der Klagen über die Faulheit und Stumpfheit der Schüler erklärt sich gewiss aus dem Mangel jeder Methode, durch die man den Knaben das Lernen erleichterte.«

ale Status des Lehrers ein Problem der Zeit, das durch Melanchthons Schulreformen verbessert wurde.

Diese der Rede zugrunde liegenden Werte und Vorstellungen, die sich mit Melanchthons pädagogischen Überzeugungen decken, legen nahe, dass sich hinter dem beißenden Hohn und Spott ein ernster Kern verbirgt. Es wird Kritik an der Gesellschaft geübt: den lernunwilligen Schülern, den verantwortungslosen Eltern, den abgestumpften Lehrern sowie dem unterfinanzierten und wenig respektierten Bildungssystem. Aus den Worten unseres Trivialschullehrers sprechen Ernüchterung und Verdruss eines in die Jahre gekommenen Schulmeisters. Man könnte ihn für die Karikatur eines Trivialschullehrers halten, doch dafür zeichnet Melanchthon ihn mit zu viel Sympathie. Der Lehrer problematisiert durchaus ernste Themen, die Melanchthon selbst am Herzen lagen.

Wiederholt spricht der Redner von einer Tragödie. Er strukturiert die Rede nach dem Modell der Tragödie und lässt das Schicksal des klagenden Schulmeisters vordergründig als tragisch erscheinen. Doch diese Klassifikation wird dem Text und seiner Intention kaum gerecht. Denn einerseits sollte die komische Seite der Rede nicht unbeachtet bleiben, andererseits schlägt der Sprecher gegen Ende optimistischere Töne an. Indem er nämlich seine Schützlinge zur Umkehr mahnt, beweist er, dass er ihnen durchaus eine Verbesserung ihrer Leistungen und ihres Verhaltens zutraut und sie für fähig hält, eines Tages eine wichtige Rolle in Staat und Gemeinwesen zu übernehmen. Insgesamt drängt sich daher der Eindruck auf, dass bitterer Spott und Klage im Dienste einer erziehungsoptimistischen Intention stehen.

Inhalt

Anhang